ゼロから話せる上海語

会話中心

呉悦　広岡今日子 著

三修社

CDトラック対応表

Track		ページ
	覚えるフレーズ	
1	こんにちは	2
2	ありがとう	2
3	ごめんなさい	3
4	さようなら	3
5	おたずねします	4
6	あなたのお名前は？	4
7	私は根本ゆきと申します	5
8	私は日本人です	5
9	これはなんですか？	6
10	トイレはどこですか？	6
11	いくらですか？	7
12	いりません	7
13	今何時ですか？	8
14	どのくらい時間がかかりますか？	8
15	3つください	9
16	好き／嫌い	10
17	おめでとう	10
18	手伝ってください	11
19	また来ます	11
	発音編	
20	単母音韻母　a e eu er i	15
21	単母音韻母　u y o oe ao	16
22	二重母音	17
23	声門閉鎖つき単母音	17
24	声門閉鎖つき複合母音	18
25	鼻音つき単母音	19
26	鼻音つき複合母音	19
27	単純鼻母音	20
28	総合練習	20
29	両唇音声母	21
30	唇歯音声母	22
31	舌尖音声母	22
32	舌根音声母	23
33	咽頭音声母	23
34	舌面音声母	24
35	舌歯音声母	25
36	無気音、有気音の区別	25
37	静音、濁音との区別	26
38	声調の基本形	27
39	2字の連続変調　第1声の時	29
40	2字の連続変調　第2、4声の時	29
41	2字の連続変調　第3、5声の時	29
42	3字の連続変調　第1声の時	30
43	3字の連続変調　第2、4声の時	30
44	3字の連続変調　第3声の時	31

Track			ページ
45	3字の連続変調　第5声の時		31
46	4字以上の連続変調		31
47	隔音符号		32
	ダイアローグで学んでみよう		
48	1	はじめまして	34
49		いろいろな表現	36
50		あいさついろいろ	37
51	2	あなたは上海人ですか？	38
52		いろいろな表現	40
53	3	今日はどうしてこんなに寒いの？	42
54		いろいろな表現	44
55	4	そのお茶はいくらですか？	46
56		いろいろな表現	48
57	5	2000元は高すぎます！	50
58		いろいろな表現	52
59	6	バンドに行きたい	54
60		いろいろな表現	56
61	7	タクシーで？　それともバスで？	58
62		いろいろな表現	60
63	8	日帰り旅行	62
64		いろいろな表現	64
65	9	4人でうかがいます	66
66		いろいろな表現	68
67	10	ハリー・ポッターを見に行きましょう	70
68		いろいろな表現	72
69	11	別腹	74
70		いろいろな表現	76
71	12	おすすめ料理は何ですか？	78
72		いろいろな表現	80
73	13	そんなに食べるの？	82
74		いろいろな表現	84
75	14	もっと冷えたビールをください	86
76		いろいろな表現	88
77	15	上海語ではどう言うの？	90
78		いろいろな表現	92
79	16	来週、うちに遊びに来て！	94
80		いろいろな表現	96
81	17	母は定年退職しました	98
82		いろいろな表現	100
83	18	風邪のようです	102
84		いろいろな表現	104
85	19	パスポートがない！	106
86		いろいろな表現	108
87	20	これを趙さんに渡してください	110
88		いろいろな表現	112

まえがき

「今、上海がアツい！」

そんな見出しが踊る雑誌やテレビ番組が、ここ数年目立って増えてきています。驚異的ともいえる発展を繰り広げる上海は、ビジネスマンにとっては新たな夢を見せてくれそうな土地であり、また、旅行者にとっては、租界当時から残る古い街並みと雲を衝く高層ビルのコントラストが、まるで異空間にいるような錯覚を起こさせてくれる場所となっているようです。著者にとっても、さしたる名所旧跡もなく、とかくツアーの通過点になりがちだった上海が、このようにクローズアップされ、その魅力が伝えられていることは嬉しい限りです。

中国の公用語は「普通話」（プートンホア）と呼ばれる、北京など北方の言葉をベースとした言語です。当然上海でもこの公用語が通じますから、多くの日本人は、上海においても普通話でコミュニケートしていることと思われます。半世紀以上の学校教育で標準語が使われ、地方から優秀な人材が多数流入していてる現状を踏まえると、その選択に間違いはありません。

しかし上海人の間では、「呉語」と呼ばれる、上海周辺の地域で使われる言葉をベースに、上海特有の語彙を採り入れたものが使われています。語彙はもちろん、発音もアクセントも普通話と全く異なる上海語を習得することは、同じ中国人であっても、新たな語学を習得するのに近いエネルギーを必要とされるのです。

上海人であることのプライドが高く、とかく排他的と言われる上海人ですが、上海に溶け込もうと努力を見せる人であれば、とても好意的な目をもって迎え入れてくれます。ですから上海人と本音の付き合いをしたいという人にとっては、上海語の習得は不可欠と言えるでしょう。

本書が皆さんのそんな願いをかなえるためのお手伝いをすることができたら幸いです。

著者

本書の使い方

本書は「覚えるフレーズ」「発音編」「ダイアローグで学んでみよう」「文法編」「ヴィジュアル上海語」「単語リスト」から成っています。
はじめて中国語や上海語にふれる方は「発音編」で発音のいろはをマスターしてから「覚えるフレーズ」や「ダイアローグで学んでみよう」に進むのがいいでしょう。ただ、すぐにでも上海語を使ってコミュニケーションをとってみたい！という方は音声教材を聞いて、自分でも発声を練習して、まずは「覚えるフレーズ」の表現を使ってみましょう。
上海語を勉強するのははじめてでも、中国語（共通語）は勉強したことがある方は「覚えるフレーズ」や「ダイアローグで学んでみよう」から入って共通語との違いを感じながら学んでもいいですし、「発音編」で発音の違いを確認してから他に進むのもいいでしょう。いずれにせよ、上海語と共通語の発音にはかなりの違いがあるので注意が必要です。

覚えるフレーズ

挨拶を中心とした必須表現を集めました。すぐに使うことのできる表現ばかりなので、さっそく覚えて使ってみましょう。

発音編

上海語の一番の特徴は発音です。声調（音の高低）が５種類あり、まずはこれをしっかりとマスターしましょう。本書で用いている発音表記の解説もしています。

ダイアローグで学んでみよう

根本ゆきさんと趙明君くんを主人公にした日常的な20の会話をとりあげています。各課はダイアローグ（会話）、語彙や表現の解説、表現の幅を広げる「いろいろな表現」から成っており、理解力の向上と表現力の応用を身につけましょう。

文法編

本書に出てくる表現を理解するために必要な文法事項をまとめました。「ダイアローグで学んでみよう」の中の説明より詳しく解説してありますので、わからない箇所が出てきたら参照してください。

ヴィジュアル上海語

日常よく見る単語やまとめて覚えた方が効率的な単語をイラストつきで掲載しました。これを覚えて語彙を増やしましょう。

単語リスト

旅行や生活する上で必要最低限の単語をおよそ500語集めました。発音のローマ字表示（ABC）順に並べてあります。簡単な辞書としても使うことができます。

目　次

本書の使い方

Ⅰ　覚えるフレーズ ———— 1

こんにちは
ありがとう
ごめんなさい
さようなら
おたずねします
あなたのお名前は？
私は根本ゆきと申します
私は日本人です
これはなんですか？
トイレはどこですか？
いくらですか？
いりません
今何時ですか？
どのくらい時間がかかりますか？
３つください
好き／嫌い
おめでとう
手伝ってください
また来ます

上海語とは？ ———— 12

発音編 ———— 14

１漢字＝１音節 ———— 14
音節の三要素 ———— 14
1. 韻母 ———— 15
2. 声母 ———— 20
3. 声調 ———— 27

Ⅱ　ダイアローグで学んでみよう ———— 33

会話１　はじめまして ———— 34

会话2　あなたは上海人ですか？ —— 38
会话3　今日はどうしてこんなに寒いの？ —— 42
会话4　そのお茶はいくらですか？ —— 46
会话5　2000元は高すぎます！ —— 50
会话6　バンドに行きたい —— 54
会话7　タクシーで？　それともバスで？ —— 58
会话8　日帰り旅行 —— 62
会话9　４人でうかがいます —— 66
会话10　ハリー・ポッターを見に行きましょう —— 70
会话11　別腹 —— 74
会话12　おすすめ料理は何ですか？ —— 78
会话13　そんなに食べるの？ —— 82
会话14　もっと冷えたビールをください —— 86
会话15　上海語ではどう言うの？ —— 90
会话16　来週、うちに遊びに来て！ —— 94
会话17　母は定年退職しました —— 98
会话18　風邪のようです —— 102
会话19　パスポートがない！ —— 106
会话20　これを趙さんに渡してください —— 110

文法編 —— 114

1　上海語の基本語順 —— 114
2　上海語の基本文型 —— 114
3　代詞 —— 115

4　動詞 ―― 116
5　形容詞 ―― 117
6　名詞 ―― 118
7　数詞 ―― 120
8　量詞 ―― 121
9　疑問詞 ―― 123
10　助動詞 ―― 124
11　連動文 ―― 126
12　兼語文 ―― 126
13　疑問文 ―― 127
14　副詞 ―― 128
15　介詞 ―― 130
16　助詞 ―― 131
17　補語 ―― 135
18　比較文 ―― 139
19　処置文 ―― 139
20　受身文 ―― 140
21　接続詞 ―― 140

ヴィジュアル上海語 ―― 141

街　部屋　日用品　乗り物　家庭　からだ

単語リスト ―― 147

I

覚えるフレーズ

Track 1

こんにちは

侬 好

nong³ hao²

ノン　ホウ

時間を問わず、あいさつはこの一言で。強いて言えば「おはよう」は“侬早”（nong³ zao²　ノン　ズオ）ですが、ほとんどの場合、“侬好”で済ませてしまうようです。

Track 2

ありがとう

谢谢

xhia³xhia

シャジャ

「どうも」程度の軽い気持ちから、「ありがとうございます」まで、幅広く感謝の気持ちを表す言葉です。“谢谢侬”（xhia³xhianong　シャジャノン）と言えばより丁寧な印象を与えます。
それに対する答えの「どういたしまして」は
“呒没啥”（hhm³maksa　ンーマッサ）（このくらい何でもありません的な意味）
“勿客气”（vak⁵kakqi　ヴァッカッチ）（遠慮しないで的な意味）
“勿要紧”（vak⁵iaojin　ヴァッヨージン）（気にしないで的な意味）
などがあります。

Track 3

ごめんなさい

对勿起

de²vakqi

デヴアッチ

日本人が多用する「すみません」程度ではなく、例えば人のものを壊した時など、きちんと謝罪しなければいけない場合のみに使われます。「すみません」程度の場合は“勿好意思”（vak⁵haoisi　ヴァッホーイスー）が適当です。

Track 4

さようなら

再会

ze¹hhue

ゼーウェ

広い意味での「さようなら」はこれです。「明日会いましょう」は“明朝会”（min³zaohhue　ミンゾーウェ）、「またあとで会いましょう」は“哀歇会”（e²xiekhhue　エーシェッウェ）です。

Track 5

おたずねします

请问

qin²men
チンメン

道を尋ねるなど、比較的見知らぬ人にものを尋ねる時に使います。"先生／小姐，请问侬"（xi¹sang / xiao²jia, qin²mennong　シーサン／シャオジャー　チンメンノン）と言えばもっと丁寧な印象を与えます。"先生""小姐"についてはP35 を参照してください。

Track 6

あなたのお名前は？

侬 叫 啥个名字？

nong³　jiao²　sa²ghak　min³shi
ノン　ジヨー　サーガ　ミンスー

同年代など、立場が比較的平等の場合に使います。目上や先輩などに対しては、"侬贵姓"（nong³ gue²xin　ノン　クエーシン）がいいでしょう。

Track 7

私は根本ゆきと申します

我 叫 根本 由纪

ngo³ jiao² gen¹ben hhieu³ji
ンゴー ジヨー ゲンペン ユージー

日本人の名前は漢字を上海語読みにするのが基本ですが、ひらがなの名前の人もたくさんいます。そういう場合は、漢字の当て字を使います。「ゆき」さんの場合、これ以外にも「友紀」「由貴」などたくさん思い浮かびますが、「雪」などの１字は避けるべきです。というのも、中国人は一般的に人の名前を一音節で呼ぶことはなく、“～ちゃん”に当たる“小”を名前の前につけたりするのですが、外国人を呼ぶ時に“小”をつけるというのはどうも決まりが悪いらしいのです。

Track 8

私は日本人です

我 是 日本人

ngo³ shi³ shak⁵bennin
ンゴー ズ ザッパンニン

「～である」は“是”（shi³ ズ）で、「～ではない」という否定形は“勿是”（vak⁵shi ヴァッズ）です。例：“我勿是中国人”（ngo³ vak⁵shi zong¹goknin ンゴー ヴァッズ ゾンコッニン）「私は中国人ではありません」

Track 9

これはなんですか？

格是 啥 物事？

ghak^{5}shi　sa^2　mak^{5}shi
ガッズ　サー　マッズ

“啥”（sa^2　サー）は「何」、“物事”（mak^{5}shi　マッズ）は「モノ」です。直訳すると「何もの？」ですが、人に何か言われた時に「なんですか？」と答える時にも“啥物事？”（sa^2 mak^{5}shi　サー　マッズ）でよく、なかなか応用範囲の広い言葉です。

Track 10

トイレはどこですか？

厕所 拉 阿里？

ci^{2}su　lak^5　hha^{3}li
ツースゥ　ラッ　アリ

“厕所”は「トイレ」ですが、上品に「お手洗い」と言いたい時には“汏手间”（dha^{3}seuge　ダースゥゲー）がいいでしょう。また、“拉阿里”は「どこにありますか？」で、これは“拉啥地方”（lak^5 sa^{2}dhifang　ラッサーディファン）に置き換えることもできますが、意味はどちらも同じです。

Track 11

いくらですか？

几钿？

ji²dhi
ジーディ

“几”（ji²　ジー）は「どれだけの量の」という意味です。標準語では“几”を１ケタ（もしくは少量）の場合、“多少”を２ケタ以上（もしくはたくさん）の場合と使い分けますが、上海語の場合はどちらも“几”です。

Track 12

いりません

我 勿要

ngo³　vak⁵iao
ンゴー　ヴァッヨー

“勿”（vak⁵　ヴァッ）は、“勿去”（vak⁵qi　ヴァッチー）「行きません」、“勿看”（vak⁵koe　ヴァックゥイ）「読みません」など、意志の否定形の時に使います。また、“呒没去”（hhm³mak qi²　ンーマッチー）「行かなかった」、“呒没看”（hhm³mak koe²　ンーマッ　クゥイ）「読んでいない」など、過去の否定は“呒没”（hhm³mak　ンーマッ）となります。

Track 13

今何時ですか？

现在 几点钟？

hhi³she　　ji²dizong
イーゼー　　ジーティゾン

“现在”(hhi³she　イーゼー)を略して“几点钟？”(ji²dizong　ジーティゾン)でも、“钟”を略して“现在几点？”(hhi³she ji²di　イーゼー　ジーティ)でも大丈夫です。分単位まで答える時には決して“钟”をつけないように。例：两点十五分(lang³di shak⁵hhngfen　リヤンティ　ザッンーフェン)「2時15分です」

Track 14

どのくらい時間がかかりますか？

要 几化 辰光？

iao²　　ji²ho　　shen³guang
ヨー　　ジーホー　　ズンクァン

“几”(ji²　ジー)と違って“几化”(ji²ho　ジーホー)は単独で「どれくらい」という意味で使えます。ただしこの言葉の場合、あとに量詞をつけることはできないので、数量を尋ねる場合は必ず“几”を使いましょう。例：「何人」→×几化个人　○几个人(ji²ghak nin³　ジーガッ　ニン)

Track 15

3つください
拨我 三只

bak⁴ngo　　se¹zak
パッンゴー　セーザッ

量詞とは、ものの単位を表す言葉です。日本語でも「1本」「1匹」「1個」などさまざまな量詞があり、中国語の標準語も、ものによって使い分けをしますが、上海語は比較的量詞が少なく、ほとんどの場合は“只”（zak⁴）で間に合ってしまいますし、すべてを“只”と言っても問題ないと言えるくらいですが、より正確に話すためにはいくつか憶えておいて損はありません。

● 主な量詞

爿（bhe³ べエ）
面積の大きい建物
（工場、商店など）

条（dhiao³ ディヨ）
細長いもの
（河川、道路など）

个（ghak⁵ ガッ）
広範囲で使われる
（主に人、時間など）

幢（shang³ ザン）
建物一般
（家、アパートなど）

件（jhi³ ジイ）
主に衣服
（セーター、シャツなど）

根（gen¹ ゲン）
棒状のもの
（揚げパン、麺棒など）

部（bhu³ ブ）
機械や車両など
（乗用車など）

本（ben² ベン）
書物の形をしたもの
（本、雑誌など）

块（kue² クエ）
かたまり状のもの
（石けん、ケーキなど）

张（zang¹ ツアン）
平らなもの
（切符、新聞紙など）

把（bo² ボウ）
柄（え）のあるもの
（傘、モップなど）

枝（zi¹ ズ）
棒状のもの
（鉛筆、ペンなど）

Track 16

好き／嫌い

欢喜／勿欢喜

hoe[1]xi / vak[5]hoexi

ホゥイシー／ヴァッホゥイシー

「嫌い」は「好き」の前に否定形の“勿”を加えるだけでよいのですが、「～が好き（嫌い）です」の場合は、必ず動詞をつけましょう。

例：我欢喜吃中国菜（ngo[3] hoe[1]xi qiek[4] zong[1]gokce　ンゴー　ホゥイシー　チェッ　ゾンコッツェ）「私は中国料理が好きです」

Track 17

おめでとう

恭喜恭喜／祝贺侬

gong[1]xigongxi / zok[4]hhunong

ゴンシーゴンシー／ツォッウノン

結婚式、出産、年越しのあいさつなどのお祝い事には“恭喜恭喜”ですが、大学進学、賞を取った、昇級したなど、「努力が実って成果を上げた」場合には“祝贺侬”を使います。

Track 18

手伝ってください

请侬 帮帮 忙 好哦

qin²nong bang¹bang mang³ hao²vak

チンノン パンバン マン ホーヴァ

“帮帮忙”（bang¹bang mang³ バンバンマン）は「手伝う」の意味で、簡単な手伝いをお願いしたい時に使います。しかし、「カンベンしてくれ！」も“帮帮忙”なので、必ず「〜をしてください」を意味する“请侬”（qin²nong チンノン）をつけましょう。

Track 19

また来ます

我 一定 再 来

ngo³ iek⁴dhin ze¹ le³

ンゴー イェッディン ツェー レー

友人の家を訪ねた時や帰国など、長期に渡ってその場を離れるなど、再会を願う時に使います。訪ねた人が不在で、「もう一度来る必要がある」という時には“过一枪再来”（gu²iekqiang ze¹ le³ グーイェッチャン ツェーレー）と言います。

上海語とは？

■中国語の方言は、北方方言（揚子江より北を中心とする地域）、呉方言（江蘇、浙江省、上海など）、粤方言（広東省を中心とした地域）、閩方言（福建省を中心とした地域）、客家方言（広東、福建の一部地域）、湘方言（湖南省と四川省の一部地域）、贛方言（江西省、湖北省の一部地域）の7つに分けられます。

■中国語の共通語（普通話）は、北方方言を基礎に、北京語の発音を加えたものです。そして、上海語の基本形である呉方言は、北方方言に次いで使用人口が多い言葉です。呉方言が使われている地域は、中国経済が一番発達している揚子江の広いデルタ地帯で、そこに属する蘇州、無錫、杭州、紹興、寧波などの都市では、上海語が通じます。また、現在言われる「上海語」とは、上海の市街地の言葉を指しています。

■上海語は「上海閑話」（サンヘーエーオー）と呼ばれ、共通語と比べると、発音面、語彙面、文法面、すべてに独自のセオリーを持っています。文法面では大きな違いがありませんが、一番違うのは発音でしょう。例えば、中国語の特徴と言われている声調（声の上がり下がりの調子）は共通語の４声に対し、上海語は５声となっています。また、上海語には濁音（有声音）や促音に似た入声がありますが、共通語にはほとんどありません。語彙も同じで、上海語の人称代名詞や指示代名詞や、語気助詞（文末助詞）は共通語と異なります。ですから、上海語は他の地域に行けばほぼ通じないのです。英語とドイツ語くらいの差がある、と言えばわかりやすいでしょうか。

■言葉は時代とともに変化します。ここ数十年来、他省、とりわけ近隣の江蘇省と浙江省からの人口流入と、1949年の解放後、政府が強力に共通語を広めた（小中高学校のすべての授業で上海語が禁止された）結果、上海語はめざましい変化を見せています。発音が単純化され、新語が大量に出現したのです。先に上海語は５声と書きましたが、元々は７声でした。今もお年寄りの言葉にその片りんを見ることができます。

■語彙は江蘇省の蘇州語と浙江省の寧波語の影響が非常に大きくなっています。例えば上海語の「我々」は“我伲”でしたが、現在は消失しており、寧波語の“阿拉”にとって変わりました。また、政治、文化、科学、技術分野の用語は、共通語とほとんど変わりません。近代において、上海語が大きな変化を遂げたことは、これでおわかりいただけたと思います。現在、上海語は「老派」(60代以上の老年層)、「中派」(40代~50代の中年層)、新派(30代以下の若年層)の3つの言葉に分けることができます。市街地は中派の言葉が中心ですが、新派の上海語を話す人は年々増加傾向です。この傾向を踏まえ、本書では中派と新派の言葉を中心に、発音面では新派を採用しています。

上海語の表記は?

最近、書店で上海語のテキストを目にする機会が増えていますが、各テキストで漢字や発音表記がずいぶん異なります。これはなぜでしょうか。上海語の表記はもちろん漢字ですが、標準語のように公式の漢字表記法が定められていないのです。口語をそのまま漢字にすると、上海語特有の文字(“哦”“呒”など)や、当て字を使うということになるのです。当て字ですから、人によって使う漢字が違う、ということです。発音も同じで、国際的に通用している音声記号を応用したもの、ローマ字を応用したものなど、テキストによって違うのです。本書ではよりわかりやすい表記を目指し、ローマ字表記法を採用しました。

発音編

1漢字＝1音節

上海語も共通語と同様、漢字は1字が1音節です。例えば、「he^2」という音節を“海”という漢字で表記する、という具合です。

音節の三要素

音節を細かく分析すると、子音と母音に分かれます。中国語では子音を「**声母**(せいぼ)」、母音を「**韻母**(いんぼ)」と呼んでいます。また、音節ごとに決まった音の高さがあり、これを「**声調**」と呼んでいます。つまり1音節は声母、韻母と声調の3つの要素で構成されているということです。「he^2」“海”を例に挙げると、頭についている子音（声母）“h”、母音（韻母）“e”、声調の“2”で構成されています。

・上海語には声母26種類、韻母34種類、声調5種類があり、これらが組み合わさって上海語の音節を構成しています。

・本書で使っているローマ字表記を「ピンイン」といいます。あくまで上海語の発音を表記するために作ったものなので、皆さんが習ってきたヘボン式や英語式とは読み方が違うものがたくさんあります。

・上海語の入門段階では、発音の徹底訓練が不可欠です。上海語の発音をしっかりと聞き取れ、発音できるようにまでには少なくとも数週間が必要でしょう。本書の上海語の発音は、ローマ字の“u”であっても、日本語とは発音方法が違いますので、十分な時間をかけてマスターしてください。始めたばかりの時にはなかなかうまくいかないのは当然ですが、繰り返し練習しているうちに誰でも徐々に上海語らしくなっていきます。「学ぶことはまねること」、大切なことは、始めから完璧をめざすよりも、とにかく大きな声を出して真似をし、できるだけ早く上海語を体感することです。そして次の段階でより上海語らしい発音に近づけていくという心構えで練習するのがよいでしょう。

1　韻母

上海語の韻母は全部で34種類あり、分類すると単母音、二重母音、声門閉鎖つき母音、鼻音つき母音と単純鼻母音に分かれます。

(1) 単母音韻母

Track 20

a	e	eu	er	i

発音の要領▶ まずは2つのポイントである、口の開き方がaからiまで徐々に小さくなること、舌先を下の前歯の裏につけるかどうかということを把握しましょう。これに注意してe、euとerを発音すると、euとerの発音のコツがすぐわかるでしょう。

	a	e	eu	er	i
口の大きさ	大 	中 	中 	中 	小 
舌歯接触	× 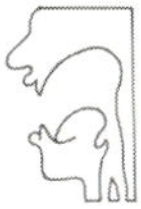	○ 	× 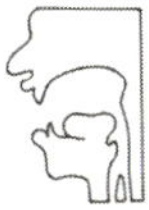	× 	○ 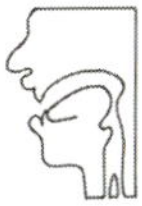

a ▶ 口を大きく開けて舌を下げ、奥より明るく「アー」。

e ▶ 口角を左右に引きながら、口を半開きにして、舌の先を下の前歯の裏につけて、「エー」。

eu ▶ eの口の形を取って、舌を下の前歯の裏から離れて後寄り、のどの奥より発音。

er ▶ euを発音する同時に、舌先を下の前歯の裏から上に反り上げて発音。

i ▶ 角をしっかりと左右に引いて、舌の先を下の前歯の裏につけて、「イー」。

【練習】違いに注意して発音してみましょう。

e − eu　　eu − er　　e − er　　a − e　　e − i

Track 21

u	y	o	oe	ao

発音の要領 ▶ いずれも唇を丸めて発音します。発音のポイントは、唇の丸め方がuからaoまで徐々に大きくなること。舌先を下の前歯の裏につけるかどうかの2点です。これに注意してuとy、oとoeを発音すると、yとoeのコツがすぐわかるでしょう。

	u	y	o	oe	ao
口の大きさ	小 	小 	中 	中 	大 
舌歯接触	× 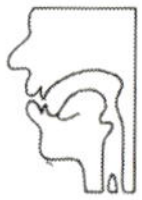	○ 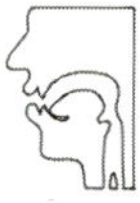	× 	○ 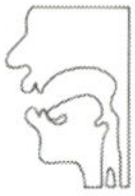	× 

u ▶ ろうそくの火を消すように、唇の先を丸め、突き出して、「ウー」。

y ▶ iを発音しながら唇の先を丸め、uよりすぼめて、舌先を下の前歯の裏につけ、横笛を吹くように発音。

o ▶ 「オー」より唇を円く突き出して、舌を上げて発音。

oe ▶ oの口の形をとって、舌の先を下の前歯の裏にやや強くつけて発音。

ao ▶ oより口を大きく開け、唇を円く突き出した「アォ」に近い発音。

特殊な単母音「-i」はP26を参照してください。
なお、上海語の基本単母音11個の中のeu、er、oe、aoはローマ字では2文字で表されていますが、いずれも単一の音です。

【練習】違いに注意して発音してみましょう。

o − oe　　u − y　　o − eu　　y − i　　ao − o

(2) 二重母音

Track 22

ia	ie	ieu	iao
ua	ue		

発音の要領▶ 二重母音は単母音が2つ連続しているものです。上海語の二重母音は6個で、すべて弱いi、uに続いて強い母音をなめらかに発音します。

ia ▶ iに続いてaをしっかり発音。「イア」
ie ▶ iに続いてeをしっかり発音。「イエ」
ieu ▶ iに続いてeuをしっかり発音。「イユ」
iao ▶ iに続いてaoをしっかり発音。「ヤオ」
ua ▶ uに続いてaをしっかり発音。「ウア」
ue ▶ uに続いてeをしっかり発音。「ウエ」

(3) 声門閉鎖つき母音

1) 声門閉鎖つき単母音

Track 23

ak	ok

発音の要領▶ 基本的な声門閉鎖つき単母音は2種類です。声門閉鎖つ

き単母音とは、単母音a、oを半拍子分だけを発音した後すぐとめて、のどで閉鎖音を形成することを言います。日本語の促音（つまる音「っ」など）と同じ要領です。-kは声門閉鎖の目印なので、「クッ」と発音してはいけません。

ak ▶ 口を大きく開けて、aを発音する途中に、のどの奥で閉鎖音を伴い、「アッ」。

ok ▶「o」を発音する途中に、のどで閉鎖音を伴い、「オッ」。

！要注意！声門閉鎖つき単母音のなかに実際にもう１つ“ek”というものがあります。“e”を発音する途中に、のどで閉鎖音を伴って、「エッ」を発音します。が、これは単独で現われず、単母音i、yの後だけに現われるものですので、練習して覚えてください。

【練習】違いに注意して発音してみましょう。

o － ok　　ao － ok　　ok － eu　　e － ak　　ak － a

Track 24

2）声門閉鎖つき複合母音

uak	iok	iek
		yek

発音の要領▶ 声門閉鎖つき複合母音は４種類です。発音の要領は二重母音に似ており、弱い音i、u、yに続いて、強い声門閉鎖つき母音をなめらかに発音します。

uak ▶ uに続いてakをしっかり発音。「ウアッ」

iok ▶ iに続いてokをしっかり発音。「ヨッ」

iek ▶ i に続いて ek をしっかり発音。「イエッ」

yek ▶ y に続いて ek をしっかり発音。「ユエッ」

(4) 鼻音つき母音

1) 鼻音つき単母音

Track 25

ang	ong	en

発音の要領 ▶ 基本的な鼻音つき単母音は 3 種類です。舌の付け根を口蓋の上に向け、日本語の鼻音で終わる音「ン」に近い音で発音します。-n と -ng の微妙な違いに注意しながら練習してください。

ang ▶ 口を大きく開けてaに続けて鼻音を出す。「アンケート」の「アン」。

ong ▶ 唇を小さく円め、o に続けて鼻音を出し、「オン」。

en ▶ 口を左右に引いて、舌先は口蓋の上前方につけ、e に近い音に続けて鼻音を出し、「エン」。「エヌ」にも近い。en の e は単独の e とは違う音色で、日本語の「エ」に近い。

【練習】違いに注意して発音してみましょう。

o ― ong　　e ― en　　ong ― en　　ang ― en　　ang ― a

2) 鼻音つき複合母音

Track 26

iang	in
uang	un
iong	yn

発音の要領 ▶ 鼻音つき複合母音は6種類です。iang、uang、iongのグルー

プは、強い母音が弱いi、uと鼻音韻尾ngに挟まれてなめらかに発音しますが、in、un、ynのグループは、鼻音韻尾nが直接弱いi、u、yに続くようなめらかに発音します。

iang ▶ iに続いてangをしっかり発音。「イアン」
uang ▶ uに続いてangをしっかり発音。「ウアン」
iong ▶ iに続いてongをしっかり発音。「ヨン」
in ▶ iに続いてnをしっかり発音。「イン」
un ▶ uに続いてnをしっかり発音。「ウン」
yn ▶ yに続いてnをしっかり発音。「ユン」

(5) 単純鼻母音

Track 27

m	ng

発音の要領▶ 上海語韻母には共通語にない単純鼻音が2種類あります。発音する時、鼻音が大きく響き、後ろに母音を伴いません。

m ▶ 両唇を閉じ、息を鼻に抜くように声帯を震わし、「ムーン」。
ng ▶ 舌の付け根を口蓋上につくようにし、息を鼻に抜くように声帯を震わし、「信号」の時の「ン」と同様に発音。

Track 28

【総合練習】 違いに注意して発音してみましょう。

ua － uak	ie － iek	ia － iang
ue － un	un － yn	en － ong

2 声母

上海語の声母は全部で26種類ですが、大きく双唇音、唇歯音、舌尖音、舌根音、舌面音と舌歯音の5つに分けられます。清音（無声音）と濁音

(有声音)、無気音と有気音という違いがあり、同じ発音の中で単語を区別するためには、ぜひ覚えておくべきでしょう。
清音（無声音）と濁音（有声音)、例えば“ga”と“gha”の違いは日本語の「か（蚊)」と「が（蛾)」の違いとほぼ同じです。ちなみに、“gha”の“-h”は目印として濁音を表わすだけで、「は」と発音してはいけません。上海語では息の出し方によって言葉の意味も違ってくるので、発音する時には充分注意しましょう。
※声母はそれだけでは初心者には発音しづらいため、後ろに母音をつけて練習するといいでしょう。「＋」の後ろについているのが母音です。

(1) 声母の発音

1) 両唇音声母

Track 29

b	p	bh	m	+ok

発音の要領▶ 日本語よりもしっかりと唇を閉じることに注意してください。

b ▶ 唇を閉じ、息をためてから軽く開く。「さんぽ」の「ポッ」の要領。(無気音)
p ▶ 唇を閉じ、息をためてから“b”より強く開く。息を弾きだす感じ。「プッオ」のような「ポ」(有気音)
bh ▶ 唇を閉じ、息をためてから弱く開く。声帯を震わす。「ボッ」。
m ▶ 唇を閉じ、息をためてから鼻にるように声帯を震わす。「モッ」。

【練習】違いに注意して発音してみましょう。

mo － mok　bo － po　be － bhe　piao － bhiao　bak － pak

2）唇歯音声母（調音点が上の前歯と下唇）

Track 30

f	v	+ok

発音の要領▶

f ▶ 上の歯と下の唇をつける「フォッ」。

v ▶ 上の歯と下の唇をつけ、声帯を震わす「ヴォッ」。

【練習】違いに注意して発音してみましょう。

fok − vok　fak − vak　fu − vu　fang − vang　fi − vi

3）　舌尖音声母

Track 31

d	t	dh	n	l	+ak

発音の要領▶日本語よりも口角をしっかりと左右に引くことに注意してください。

d ▶ 舌先を上の前歯の裏につけ、息をためてから軽く口を開く「タッ」。(無気音)

t ▶ 舌の先を上の前歯の裏につけ、息をためてから「d」より強く口を開き、息を弾きだす。(有気音)

dh ▶ 舌の先を上の前歯の裏につけ、息をためてから弱く口を開き、声帯を震わす「ダッ」。

n ▶ 舌の先を上の前歯の裏につけ、息をためてから鼻に抜けるように声帯を震わす「ナッ」。

l ▶ 舌の先を上の前歯の裏につけ、舌の両側から息を通し、声帯を震わす「ラッ」。

【練習】違いに注意して発音してみましょう。

di － dhi　　nok － lok　　no － nu　　teu － deu　　noe － loe

Track 32

4）舌根音声母

g	k	gh	ng	+ak

発音の要領▶ 日本語よりも口角をしっかりと左右に引くことに注意してください。

g ▶ 舌先を口蓋の上にぶつけるようにし、息をためて軽く口を開く「カッ」。（無気音）

k ▶ 舌先を口蓋の上にぶつけるようにし、息をためて“g”より強く口を開き、息を弾きだす。（有気音）

gh ▶ 舌先を口蓋の上にぶつけるようにし、息をためて弱く口を開き、声帯を震わす「ガッ」。

ng ▶ 舌先を口蓋の上にぶつけるようにし、息をためてから鼻に抜けるように声帯を震わす「ンアッ」。

【練習】違いに注意して発音してみましょう。

goe － koe　　gao － ghao　　gok － ghok　　no － ngo　　nu － ngu

Track 33

5）咽頭音声母

h	hh	+ak

発音の要領▶ 日本語よりも口角をしっかりと左右に引くことに注意してください。

h ▶ のどの奥の方から強い息を弾きだし、「ハッ」。

hh ▶ のどの奥の方からやや強く絞り出すように発声し、声帯を震わす「ハアッ」。また、母音の前に“hh”があると濁音になります。

【練習】違いに注意して発音してみましょう。

heu — hheu　hak — hhak　ao — hhao　nga — hha　oe — hhoe

Track 34

6）舌面音声母

j	q	jh	x	xh	+i

発音の要領 ▶ 日本語よりも口角をしっかりと左右に引くことに注意してください。

j ▶ 舌を口蓋の上前につけ、舌先を下の前歯の付け根に触れさせ、息をためてから、軽く発音「チ」。(無気音)

q ▶ 舌を口蓋の上前につけ、舌先を下の前歯の付け根に触れさせ、息をためてから、“j”より強く息をはじくように発音する「チ」。(有気音)

jh ▶ 舌を口蓋の上前につけ、舌先を下の前歯の付け根に触れさせ、息をためてから、やや強く声帯を震わすように発音する「ジ」。

x ▶ 舌を口蓋の上前につけ、舌先を下の前歯の付け根に触れさせ、わずかな隙間から息を強く出す「シ」。

xh ▶ 舌を口蓋の上前につけ、舌先を下の前歯の付け根に触れさせ、わずかな隙間から息を強、摩擦させるように声帯を震わす「ジ」。

【練習】違いに注意して発音してみましょう。

jieu — jhieu　xi — xhi　jin — qin　jhia — xhia　qiek — piek

Track 35

7）舌歯音声母　（調音点が舌の先と前歯）

z	c	s	sh	+i

発音の要領▶ 日本語よりも口角をしっかりと左右に引くことに注意してください。なお、zi、ci、si、shiのi（平たい「ウ」）とzu、cu、su、shuのu（丸い「ウ」）にも注意。

z ▶ 舌先を上の前歯の裏に押しつけ、息をためてから軽く発音する「ツ」。（無気音）

c ▶ 舌の先を上の前歯の裏に押しつけ、「z」より強く、息を弾きだすように発音する「ツ」。（有気音）

s ▶ 上下の歯を軽く合わせ、舌の先を下の前歯の裏に押しつけ、息を強く出す「ス」。

sh ▶ 上下の歯を合わせ、舌の先を下の前歯の裏にあてて、やや強く摩擦させるように声帯を震わす「ズ」。

【練習】違いに注意して発音してみましょう。

za − ca　　seu − sheu　　koe − coe　　zu − zi　　sak − shak

(2) 声母の発音の注意事項

Track 36

1）無気音、有気音の区別

無気音

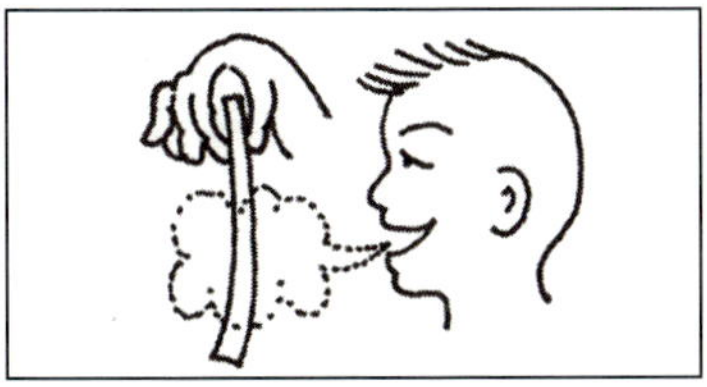

息を殺すように、抑え気味に発音

有気音

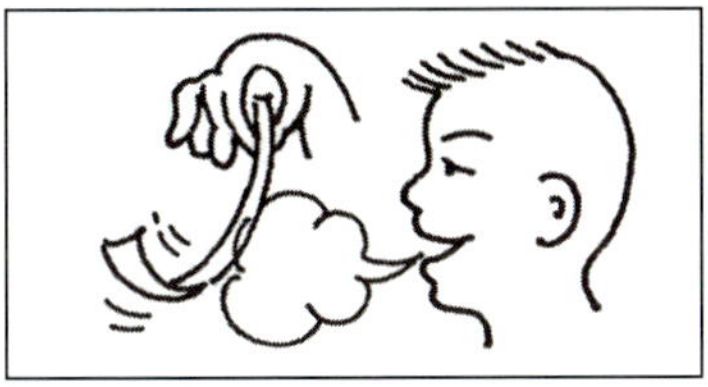

息を強く弾きだすように発音

無気：有気

b:p	ba:pa	bi:pi
d:t	da:ta	di:ti
g:k	ga:ka	gu:ku
j:q	ji :qi	jy:qy
z:c	zi:ci	zu:cu

2）清音（無声音）、濁音（有声音）との区別

Track 37

清音：声帯を震わせないよう発音。

濁音：声帯を震わせて発音。

清音：濁音

b:bh	ba:bha	bak:bhak	bang:bhang
f:v	fo:vo	fok:vok	fang:vang
d:dh	di:dhi	dak:dhak	den:dhen
g:gh	gu:ghu	gok:ghok	gang:ghang
h:hh	hoe:hhoe	hok:hhok	hong:hhong
j:jh	ji:jhi	jiak:jhiak	jin:jhin
x:xh	xieu:xhieu	xiek:xhiek	xyn:xhyn
s:sh	seu:sheu	sok:shok	song:shong

3）２種の「i」の区別

1）舌面音j、q、jh、x、xhに続く単母音のiは、口角を左右に引いた明るい「イ」です。

2）舌歯音z、c、s、shに続く特殊な単母音iは、口角をやや横に引いて「イ」の構えを作り、その状態で「ヅ-」「ツ-」「ス-」「ズ-」の発音と近い音になります。このiは単独で読めず、z、c、s、shの後ろのみに

あり、子音を発音した後に自然に出る特殊な単母音です。単母音の"i"とは違うので、読まないように注意してください。

3　声調

(1) 声調の基本形

Track 38

上海語の音節は共通語と同じように、必ず声調（音の高低アクセント）が付き、声調は５種類です。第１、２、４声が清音、第３、５声が濁音となっており、音の高さと強さは下のようになります。

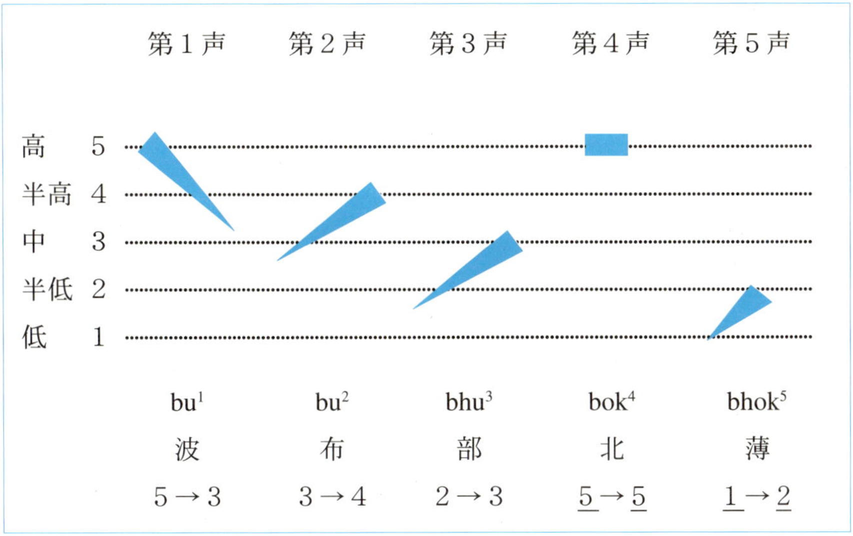

５（高点）、４（半高点）、３（中点）、２（半低点）、１（低点）の５つの段階を基準として、各声調の高低と強弱を表しています。この図を見てイメージしながら、声調の基本形を発音練習してください。

第１声（5 → 3）▶ 高点（5）から中点（3）まで直線的に下がる。

第２声（3 → 4）▶ 中点（3）からカーブを描くように、滑らかに半高点（4）まで少し上げる。

第３声（2→3）▶ 半低点（2）からカーブを描くように、滑らかに中点（3）まで少し上げる。

第４声（$\underline{5}$→$\underline{5}$）▶ 高点（5）のまま、高く短く、日本語の促音のように発音する。

第５声（$\underline{1}$→$\underline{2}$）▶ 低点（1）から半低点（2）まで一気に上げ、日本語の促音のように発音する。

【練習 1】発音してみましょう。

ga^{1}	ga^{2}	gha^{3}	gak^{4}	ghak^{5}
dao^{1}	dao^{2}	dhao^{3}	dok^{4}	dhok^{5}

【練習 2】違いに注意して発音しましょう。

za^{1} － ca^{1}	hoe^{1} － hhoe^{3}	zu^{1} － zi^{1}	ng^{1} － hhng^{3}	fak^{4} － vak^{5}
no^{1} － no^{3}	me^{2} － me^{3}	lu^{1} － lu^{3}	m^{1} － hhm^{3}	iek^{4} － hhiek^{5}

注意：鼻音 m、ng と側面音 l は２つのパターンに分けられます。一部分は清音で発音、一部分は濁音で発音することに注意してください。

(2) 声調変化（連読変調）

上海語には声調がありますが、音節を組み合わせることで、声調が変わることがあります。これを「連読変調」といいます。上海語の連読変調は、組み合わせの字数によって、２字、３字、４字などのグループに分けられます。マスターするまで少し手間がかかるかもしれませんが、複雑ではありません。

２字と３字の連読変調の規則は以下の通りです。

1）２字の連読変調

Track 39

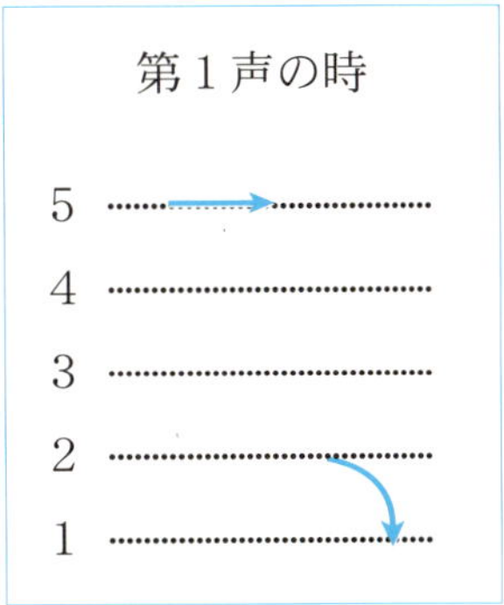

① 第１字目が第１声の時。（5 → 1）
第１字目の高点（5）から第２字目の低点（1）まで切り目なく下げながら読みます。声調の実際値は 55 → 21 です。

例：ba^{1}ba（爸爸）　　zong^{1}gok（中国）
　　gue^{1}xin（关心）　　dong^{1}jin（东京）

Track 40

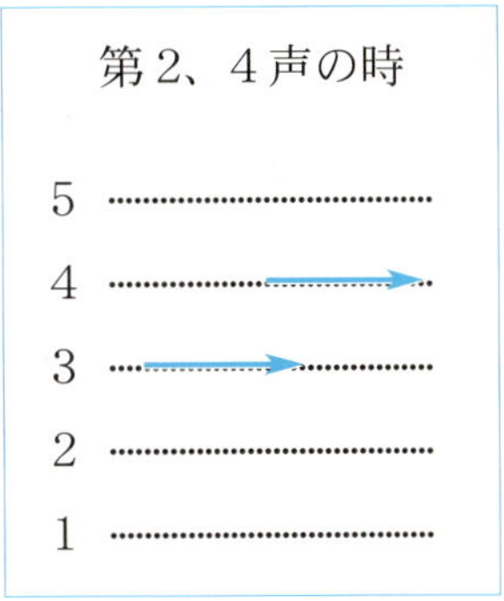

② 第１字目が第２、４声の時。（3 → 4）
第1字目の中点（3）から第2字目の半高点（4）まで上がり調子で読みます。声調の実際値は第2声の時、33→44ですが、第4声の時、30→44です。

例：zao^{2}min（照明）　　ak^{4}dhi（阿弟）
　　pe^{2}hhak（配合）　　sok^{4}doe（缩短）

Track 41

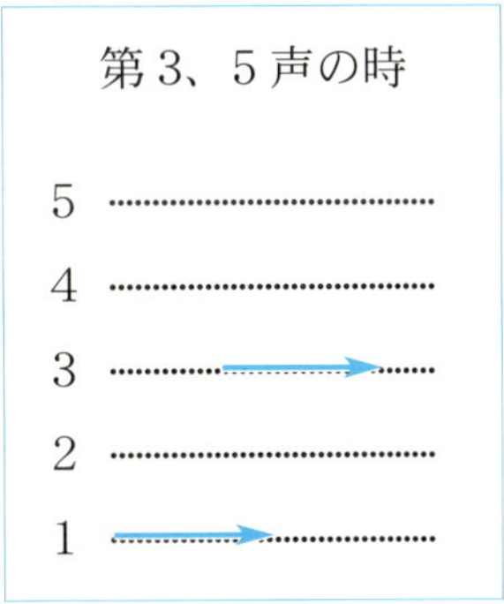

③ 第１字目が第３、５声の時。（1 → 3）
第１字目の低点（1）から第２字目の中点（3）まで上がり調子で読みます。声調の実際値は第3声の時、11→33ですが、第5声の時、10→33です。

例：she^{3}nen（才能）　　shak^{5}ben（日本）
　　hhue^{3}dak（回答）　　hhok^{5}sang（学生）

2字目以降の声調が第4、5声の場合、音の長さが本来の半分となり、0で表示されています。例えば、jieu^{2}ba（酒吧）「バー」の声調の実際値は33→44ですが、jieu^{2}bak（九百）「九百」は33→40となります。後に出てくる3字の連読変調もこれと同じです。

2）3字の連読変調

Track 42

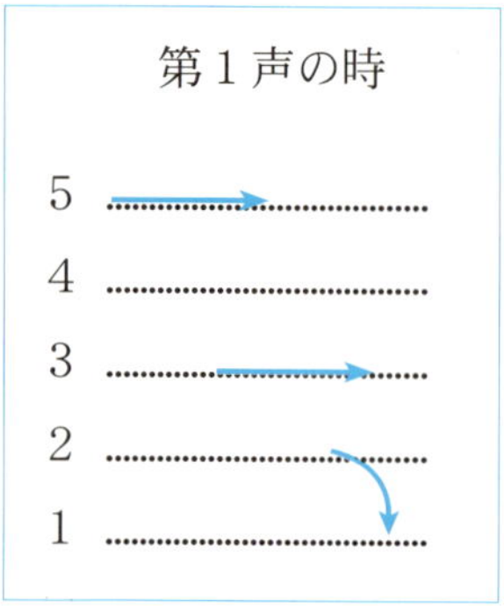

① 第1字目が第1声の時。(5→3→1)

第1字目の高点（5）から第2字目の低点（1）まで切り目なく下げながら読みます。声調の実際値は55→33→21です。

例：ba^{1}lehhu（芭蕾舞）　xin^{1}jilok（新纪录）

zen^{1}zimi（珍珠米）　zong^{1}ni'nin（中年人）

Track 43

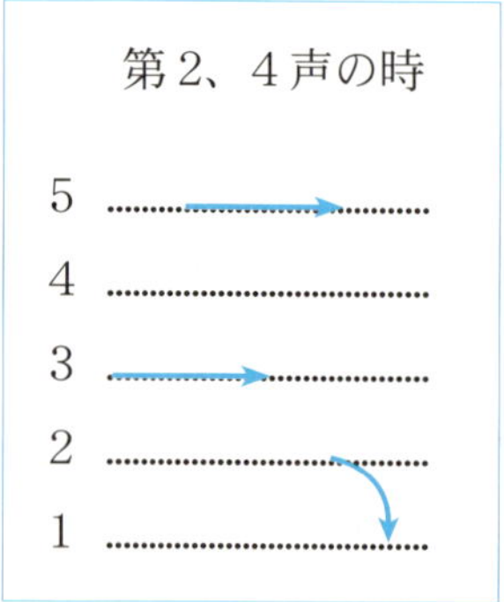

② 第1字目が第2、4声の時。(3→5→1)

第1字目の中点（3）から高点（5）に上がり、続けて切れ目なく低点（1）まで下げて読みます。声調の実際値は第2声の時、33→55→21ですが、第4声の時、30→55→21です。

例：xiao^{2}qico（小汽车）　bak^{4}hudi（百货店）

si^{2}miekdhao（水蜜桃）　bok^{4}vakgoe（博物馆）

Track 44

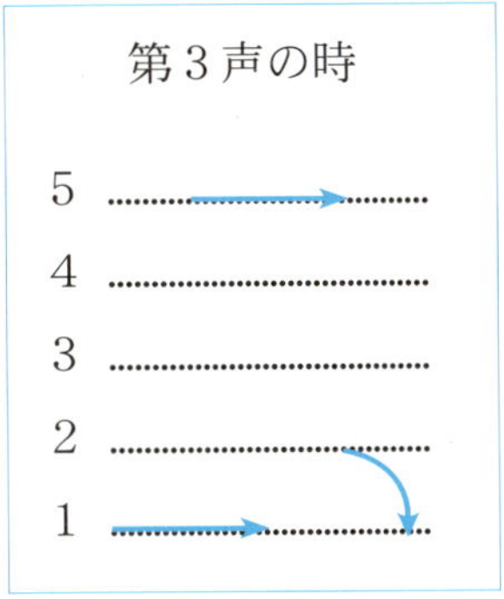

③ 第１字目が第３声の時。（1 → 5 → 1）
第１字目の低点（1）から高点（5）に上がり、続けて切れ目なく低点（1）まで下げて読みます。声調の実際値は 11 → 55 → 21 です。

例：dhi^{3}inhhy（电影院）　lieu^{3}hhoksang（留学生）
　　dheu^{3}bejiang（豆瓣酱）nga^{3}goknin（外国人）

Track 45

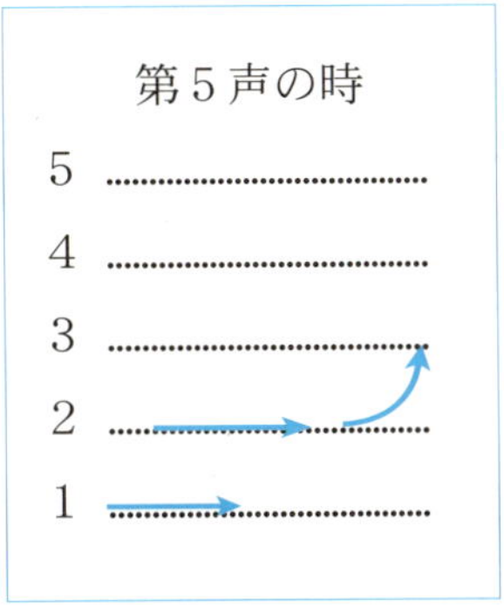

④ 第１字目が第５声の時。（1 → 2 → 3）
第１字目の低点（1）から半低点（2)、続けて切れ目なく中点（3）まで上げて読みます。声調の実際値は 10 → 22 → 33 です。

例：shak^{5}vakhhok（植物学）lok^{5}baoshak（绿宝石）
　　dhak^{5}hhiaohhiak（特效药）bhak^{5}mok'er（白木耳）

ただし、第５声の否定副詞“勿”が第１字目に来ると、例外的に第３声のパターンとほぼ同じになります。例えば vak^{5}shighak（勿是个）の変調の実際値は 10 → 55 → 21 となります。

Track 46

3）４字以上の連読変調

４字以上の連読変調は3字の連読変調の規則が基本です。3字の連読変調の高さを ABC とすると、４字の連読変調は ABXC、５字の連読変調は ABXXC となります。そして「X」の部分は決まって中点（3）になります。

４字の連読変調を例にとって説明しましょう。

① 第１字目が第１声の時、３字は（5 → 3 → 1）ですが、４字は（5 →

3 → 3 → 1）となります。例：xin^{1}hhosho（新华社）→ xin^{1}hhosidi（新华书店）

② 第１字目が第２、４声の時。３字は（3 → 5 → 1）ですが、４字は（3 → 5 → 3 → 1）となります。例：pu^{2}tonghho（普通话）→ pu^{2}tonghhehho（普通闲话）

③ 第１字目が第３、５声の時、いずれも３字の第３声の規則ベースになります。第３声の３字は（1 → 5 → 1）ですが、第３、５声の４字は（1 → 5 → 3 → 1）となります。例：ni^{3}shaksiga（艺术世界）、shak^{5}shilukeu（十字路口）　しかし第１字目が第５声の時は、３字の（1 → 2 → 3）を４字の（1 → 2 → 2 → 3）として読んでもいいですが、どちらも同じように使うことができます。

！覚えるコツ！

字数と関係がなく、各パターンの第１字目の声調の高さは同じです。つまり、２字、３字…の各清音パターンは第１声のが（5）からである以外、ほかは（3）から始まり、各濁音パターンは全部（1）から始まります。

① 清音の第１声の場合、全部高点の（5）から下げて読みます。
例：sen^{1}hhuak（生活）（5 → 1）、in^{1}hhiakhhue（音乐会）（5 → 3 → 1）

② 清音の第２、４声パターンの場合、全部中点の（3）から上げて読みます。例：hao^{2}nin（好人）（3 → 4）、cak^{4}bevak（出版物）（3 → 5 → 1）

③ 濁音の第３，５声パターンの場合、全部（1）から上げて読みます。
例：hhue^{3}dak（回答）（1 → 3）、shak^{5}bennin（日本人）（1 → 2 → 3）

（3）隔音符号

Track 47

a、e、oなどで始まる音節をほかの音節の後に続ける時、音節の切れ目を明確にするため、隔音符号（'）を用います。例：bhak^{5}mok'er（白木耳）

II

ダイアローグで学んでみよう

会话 1

はじめまして

初次见面

小赵： 侬　　阿是　　王健个　　　朋友　　根本小姐？
　　　 nong³　a¹shi　hhuang³jhighak　bhang³hhieu　gen¹benxiaojia
　　　 ノン　　アズ　　ワンジーガッ　　　バンユゥ　　ゲンベンショージャー

由纪： 是个，　我　是　根本　由纪。
　　　 shi³ghak　ngo³　shi³　gen¹ben　hhieu³ji
　　　 スーガッ　　ンゴー　ズ　　ゲンベン　ユージー

　　　 侬　好，　侬　是　赵先生哦？
　　　 nong³　hao²　nong³　shi³　shao³xisangvak
　　　 ノン　ホウ　　ノン　　ズ　　ソーシーサンヴァ

小赵： 我　是　赵明　君。就　　叫我　　小赵哦。
　　　 ngo³　shi³　shao³min　jyn¹　jhieu³　jiao²ngo　xiao²shaovak
　　　 ンゴー　ズ　ソーミン　ジュィン　ジウ　ジョーンゴー　ショーソーヴァ

　　　 根本小姐，　　欢迎　侬　来　上海。
　　　 gen¹benxiaojia　　hoe¹nin　nong³　le³　shang³he
　　　 ゲンベンショージャー　フゥイーニン　ノン　レー　サンヘー

由纪： 谢谢。　以　　后　　请　多　　关照。
　　　 xhia³xhia　i²　hheu³　qin²　du¹　gue¹zao
　　　 シャジャ　イー　ホウー　チン　ドウー　グゥエーザオ

趙：　　王健の友達の根本さんですか？
ゆき：　そうです、根本ゆきです。こんにちは、趙さんですか？
趙：　　趙明君です。"趙くん"と呼んでください。
　　　　根本さん、上海へようこそ。
ゆき：　ありがとうございます。よろしくお願いします。

34　◆　se¹shak si²

侬 阿是 王健个 朋友? ノン アズ ウォンジーガッ バンユゥ	王健のお友達ですか？

“阿”（a[1] アー）は疑問を表す言葉で、主語“侬”とbe動詞“是”の間に入れます。その他、語尾に“哦”（vak ヴァ）をつける方法がありますが、意味は全く同じです。→侬 是 王健个 朋友哦？（nong[3] shi[3] hhuang[3]-jhighak bhang[3]hhieuvak ノン ズ ウォンジーガッ バンユゥヴァ）

赵先生 ソーシーサン	趙さん

若い女性に対して使われる“小姐”（xiao[2]jia シャオジャー）、男性に対して使われる“先生”（xi[1]sang シーサン）は、共産中国後80年代後半までの中国では死語となり、年齢性別を問わず“同志”（dhong[3]zi ドンズー）で統一されていました。しかし改革・開放政策が進むにつれ、“同志”は次第に使われなくなり、この2つの言葉も復活したというわけです。

叫我 小赵 哦 ジャオンゴ ショーソーヴァ	趙くんと呼んでください

“小姐”や“先生”は、比較的かしこまっています。友達や近しい間柄の場合、若い人同士だと姓の前に“小”（xiao[2] ショー）、年齢層が高くなれば“老”（lao[3] ロー）をつけて呼びあうのが一般的。中国人の姓は1音節がほとんどなので、「言葉の座りをよくする」意味も兼ねています。ですので、日本人の名前のように2音節以上の時にはそのまま呼び捨てとなりますが、失礼にはあたりません。

请 多 关照 チン ドウー グゥエーザオ	どうぞよろしく

中国語全般には元々、日本語のような「初めまして」「どうぞよろしく」という初対面のあいさつ言葉がありませんでしたが、日中国交回復に伴い、この2つの言葉が日本語から中国語に「翻訳」され、定着しました。「初めまして」“初次见面”と続けて“初次 见 面，请 多多 关照”（cu[1]ci ji[2] mi[3] qin[2] du[1]du gue[1]zao ツゥーツー ジー ミー チン ドゥードゥーグゥエザオ）というのも、今では決まり文句となっています。

いろいろな表現

Track 49

欢迎　　欢迎！ フゥーイニン　フゥーイニン	hoe¹nin hoe¹nin ようこそいらっしゃいせ。

「歓迎歓迎」などと言われるといかにも大げさに聞こえますが、知人の家を訪問した時などにも使う言葉で、単に「いらっしゃい」程度のものと考えていいのです。また、レストランなどお店での「いらっしゃいませ」は“欢迎光临”（hoe¹nin guang¹lin　フゥーイニン　グアンリン）と言います。

请问，　侬　贵姓？ チンメン　ノン　グェイシン	qin²men nong³ gue²xin お名前は？
侬　　叫　　啥个　名字？ ノン　ジョー　サーガ　ミンズ	nong³ jiao² sa²ghak min³shi お名前は？

どちらも意味は同じですが、“请问，侬贵姓？”は敬語、“侬叫啥名字？”は目下に向かって言う言葉と憶えておきましょう。

伊　姓　山本， イー　シン　セーベン	hhi³ xin² se¹ben jiao² se¹ben zi¹zi
叫　　山本　知子。 ジョー　セーベン　ズーズ	彼女の名字は山本で、 名前は山本知子さんです。

“伊叫山本知子”でもいいのですが、どこまでが名字なのか、日本名になじみのない上海の人にはわかりにくいので、このように「彼女の姓は山本で」と言っておくと親切です。

あいさついろいろ

Track 50

ダイアローグでは、比較的くだけた間柄の初対面を再現してみましたが、仕事などの場合はこうはいかないでしょう。ここでは、出会いの時の言葉をいくつか拾ってみます。

格枪　好哦？ ガッチャン　ホーヴァ 谢谢，　蛮好。 シャジャ　メーホー	ghak^{5}qiang hao^{2}vak お元気でしたか？ xhia^{3}xhia me^{1}hao はい、元気です。
长远勿见。 ザンユゥヴァッチー	shang^{3}hhyvakji お久しぶりです。
侬　特地　来　接我， ノン　ダディー　レー　ジエンゴー 交关　勿好意思。 ジョーグェ　ヴァッホーイースー	nong^3 dhak^{5}dhi le^3 jiek^{4}ngo jiao^{1}gue vak^{5}haoisi わざわざお出迎えいただき恐縮です。
一路浪　辛苦了！ イェッルーラン　シンクーラ	iek^{4}lulang xin^{1}kulak 道中お疲れになったでしょう？
我　（侬）是　第一次 ンゴー（ノン）　ズ　ディーイェッツー 到　上海　来（咾？） ドー　サンヘー　レー（ロー）	ngo^3 (nong^3) shi^3 dhi^{3}iekci dao^2 shang^{3}he le^3 (lao) 上海は初めてです（か？）
可以　拨我　一张 クイ　パッンゴー　イェッザン 名片哦？ ミンピーヴァ	ku^{2}i bak^{4}ngo iek^{4}zang min^{3}pivak お名刺を頂戴してよろしいですか？
今朝　请侬　好好叫 ジンゾー　チンノン　ホーホージョー 休息休息。 シューシェッシューシェッ	jin^{1}zao qin^{2}nong hao^{2}haojiao xieu^{1}xiekxieuxiek 今日はゆっくりお休みください。

会话
2

あなたは上海人ですか？

Track 51

侬是上海人哦？

由纪： 侬 是 上海人哦？
nong^{3} shi^{3} shang^{3}he'ninvak
ノン ズー サンヘーニンヴァ

小赵： 是个。 但是 阿拉 屋里 祖籍 是 宁波。
shi^{3}ghak dhe^{3}shi ak^{4}la ok^{4}li zu^{2}xhiek shi^{3} nin^{3}bok
ズーガッ デズー アラ オリ ズウジェ ズー ニンボッ

由纪： 是哦？ 葛末 侬 姆妈呢？
shi^{3}vak gak^{4}mak nong^{3} m^{1}ma'nak
ズーヴァッ ガッマッ ノン ンーマーナ

小赵： 伊 是 广东人。 葛佬 我 也会 讲眼 广东闲话。
hhi^{3} shi^{3} guang^{2}dongnin gak^{4}lao ngo^{3} hha^{3}hhue gang^{2}nge guang^{2}donghhehho
イー ズ グアンドンニン ガッロー ンゴー アーウェ ガンンゲ グアンドンエーオー

ゆき： あなたは上海人ですか？
趙： そうです。でも、うちは元々寧波の出なんですよ。
ゆき： そうなの。じゃあお母様は？
趙： 母は広東人。だから僕も少しだけ広東語が話せるよ。

上海人 サンヘーニン	上海人

現在上海に住んでいる人の中で、純粋の上海人は人口の10％ほどで、あとは地方出身者。そのほとんどが社会主義になる前に移住した人々です。内訳は江蘇省３分の１、浙江省３分の１、その他が３分の１と、やはり近隣省の出身が多くなっています。

阿拉 屋里 祖籍 是 宁波 アラ オリ ズウジェ ズ ニンボッ	うちは元々寧波の出です

“阿拉”（ak⁴la アラ）は元々浙江省の寧波語で、複数形の「私たち」、“我”（ngo³ ンゴー）は単数形で「私」を表します。家族構成を説明する時は「私たちは～」の意味合いが濃くなりますので、“阿拉”を使います。

葛末 侬 姆妈呢？ ガッマッ ノン ンーマーナ	じゃあお母様は？

“葛末”（gak⁴mak）は「それでは」「では」の意味。同じ使い方で“葛”（gak⁴ ガッ）ともよく言われます。

我 也会 讲眼 ンゴー アーウェ ガンンゲ 广东闲话。 グアンドンエーオー	私も少しだけ広東語が話せます

“眼”は「少し～」の意味。「少しも話せません」は“一眼也勿会讲”（iek⁴nge hha³ vak⁵hhue gang² イェッンゲーアー ヴァッウェ ガン）です。

いろいろな表現

侬 是 东京人哦？ ノン ズー ドンジンニンヴァ	nong³ shi³ dong¹jinninvak あなたは東京の人ですか？
是个。 我 是 东京人。 ズーガッ ンゴー ズ ドンジンニン	shi³ghak ngo³ shi³ dong¹jinnin そうです、東京人です。

侬 去过 长城哦？ ノン チーグゥ サンゼンヴァ	nong³ qi²gu shang³shenvak 万里の長城に行ったことがありますか？
我 吪没 去过。 ンゴー ンーマッ チーグゥ	ngo³ hhm³mak qi²gu いいえ、行ったことがありません。

现在 好 走了。 イーゼ ホー ズゥラ	hhi³she hao² zeu²lak もう出かけられます。
葛末 阿拉 豪扫 走哦。 ガマツ アラ オーソー ズゥヴァ	gak⁴mak ak⁴la hhao³sao zeu²vak ではすぐ出ましょう。

侬 会得 讲 英文哦？ ノン ウェダッ ガン インヴンヴァ	nong³ hhue³dak gang² in¹venvak 英語は話せますか？
我 只会 讲 一眼眼。 ンゴー ザッヴェ ガン イエンゲーンゲ	ngo³ zak⁴hhue gang² iek⁴nge'nge 少しだけなら。

「上海」の成り立ち

上海は今、中国一の経済都市として世界中にその名を知られています。また、かつては東洋一の貿易港であり、世界各国から富を求める人が引きも切らず、「東洋のパリ」「冒険家の楽園」などと呼ばれていたことは、みなさんもよくご存知でしょう。

しかしこの上海も、清朝政府がアヘン戦争に負けるまでは、小さな港町にすぎませんでした。1843年の南京条約によって、この小さな街は、大きな運命の転換期を迎えたのです。清朝政府は自分たちの街を守るべく、市街地の北側、今のバンドに当たる一帯を「租界」として外国人に割譲することに合意したのでした。そこはじめじめとした湿地帯で、墓地でもあり、風水も悪く、中国人にとっては縁起の悪い土地だったのです。

中国人にとっては不吉な土地も、外国人にとっては「カネのなる木」でした。黄浦江から、中国の大動脈である長江までは船で半日もあれば充分で、長江を介して内陸部にも外海にも出ることができる、たいへん良い立地なのですから。そこに目をつけた外国商人が上海にどっと集中し、今の上海の基礎をつくったのでした。ですから、上海の「大都市」としての歴史はたかだか150年ほどしかないのです。

現在、人民路および中華路と呼ばれている通りは、1912年に取り壊されるまでは、上海県城の城壁でした。地図を見ると円形をしており、その名残が見られます。今の上海市の面積から見ると、10分の1もないでしょう。わずか150年の歴史の中で、上海がいかに急速に発展していったか、この小さな円形の通りはそれを物語ってくれる数少ない「生き証人」なのです。

会话 3

Track 53

今日はどうしてこんなに寒いの？

今朝哪能介冷啦？

由纪：	今朝	哪能	介	冷啦？
	jin^{1}zao	na^{3}nen	ga^{1}	lang^{3}la
	チンツォ	ナヌン	ガー	ランラ

小赵：	今朝	还	勿好算	冷，	到了	2月份
	jin^{1}zao	hhe^{3}	vak^{5}haosoe	lang^{3}	dao^{2}lak	liang^{3}hhyekven
	チンツォ	エー	ヴァッホースゥイ	ラン	ドーラッ	リャンユェヴェン
	还要	冷咪！				
	hhe^{3}iao	lang^{3}le				
	エーヨー	ランレー				

由纪：	真个啊？！	葛	我	吃勿消个。
	zen^{1}ghak'a	gak^{4}	ngo^{3}	qiek^{4}vakxiaoghak
	ズンガア	ガッ	ンゴー	チェヴァッショーガッ

小赵：	勿要紧，	习惯了	就	好了。	侬	要	当心，
	vak^{5}iaojin	xhiek^{5}guelak	jhieu^{3}	hao^{2}lak	nong^{3}	iao^{2}	dang^{1}xin
	ヴァッヨージン	シェッグゥエーラ	ジュー	ホーラ	ノン	ヨー	ダンシン
	勿要	感冒了。					
	vak^{5}iao	goe^{2}maolak					
	ヴァッヨー	グゥイモーラ					

ゆき：　今日、とても寒くない？
趙：　それほどでもないよ、2月になったらもっと寒いよ！
ゆき：　えーっ？！　ガマンできるかしら。
趙：　大丈夫、馴れればどうってことないって。でも風邪には気をつけてね。

今朝 哪能 介 冷啦？ チンツォ ナヌン ガー ランラ	今日はどうしてこんなに寒いの

“哪能”は「どうして」“介”は「こんなに」で、この2語をつなげ、後ろに形容詞（この文の場合は“冷”（寒い））をつけると、「どうしてこんなに～なのか」という意味になります。

还 勿好算 冷 エー ヴァッホースゥイ ラン	それほど寒くない

“还勿好算”は「そんなに～ではない」という程度を表す言葉です。

吃勿消 チェヴァッショー	ガマンできない

ガマンできない、耐えられないという意味を表す“吃勿消”は、「やってられない！」という気分を表す感嘆文としてもよく使われます。反対語は“吃得消”（qiek^{4}dakxiao　チェッダショー）「ガマンできる、耐えられる」です。

勿要紧 ヴァッヨージン	大丈夫です・たいしたことはありません

直訳すると「心配する必要はない」という意味になりますが、これ以外に「どういたしまして」という時にも使われます。

Track 54

いろいろな表現

菜　哪能　上得　介　慢呢？
ツェー　ナーヌン　サンダッ　ガー　メーナ
葛　我　脱　服务员去
ガッ　ンゴー　タッ　フォッウーユウチ
讲一声。
ガンイエッサン

ce^{2} na^{3}nen shang^{3}dak ka^{1} me^{3}nak
料理、来るの遅すぎない？
gak^{4} ngo^{3} tak^{4} vok^{5}hhuhhyqi gang^{2}ieksang
店員に聞いてみよう。

今朝　人　来得　交关
チンツォ　ニン　レーダ　ジョーグエ
多末！
ドゥマッ

jin^{1}zao nin^{3} le^{3}dak jiao^{1}gue du^{1}mak
今日は人出が多いね！

今朝　礼拜　五，还
チンツォ　リーバー　ンー　エー
勿好算　老　多。
ヴァッホースゥイ　ロー　ドゥ

jin^{1}zao li^{3}ba hhng^{3} hhe^{3} vak^{5}haosoe lao^{3} du^{1}
金曜日だから、まだ多いとは言えないわよ。

伊　格种　性格　我
イー　ガッゾン　シンガッ　ンゴー
实在　吃勿消！
サゼー　チェッヴァッショ

hhi^{3} ghak^{5}zong xin^{2}gak ngo^{3} shak^{5}she qiek^{4}vakxiao
彼のあの性格には全くガマンできないよ！

但是　伊　已经　格能　大
デーズ　イー　イジン　ガヌン　ドゥー
年纪了，已经　改勿过来了。
ニージーラッ　イジン　ゲーヴァッグーレーラ

dhe^{3}shi hhi^{3} i^{2}jin ghak^{5}nen dhu^{3} ni^{3}jilak i^{2}jin ge^{2}vakgulelak
もうあの年だから、変えようがないね。

哟！侬　帮我　汏过 ヨ　ノン　バンンゴー　ダーグゥ	iok[4] nong[3] bang[1]ngo dha[3]gu
衣裳了？　真　勿好意思。 イーザンラ　ゼン　ヴァッホーイース	i[1]shanglak zen[1] vak[5]haoisi あれ、洗濯してくれたんだね、申し訳ない。
呒没啥。 ンーマッサ	hhm[3]maksa どういたしまして。

上海の気候

「上海の気候は東京と同じくらい」

東京に住んでいる関係で、東京人に聞かれることが多いせいでしょうか、上海を知らない人に気候について聞かれると、私は決まってこう言います。ただしこのあとには必ず付け加えます。

「でもね、元が湿地帯だから、夏は暑くて冬は寒いのね。ちょうど京都のような感じかな」と。

上海から日本に向かってまっすぐ、つまり真東に直線を結ぶと、ちょうど五島列島あたりにぶつかります。至近の港は長崎港で、その昔は船で一昼夜で行ける最も近い外国でした。ですからもうちょっと暖かい街を想像する人も少なくないようですが、実際は氷も張るし霜も降るので、冬にはかなり厳しい寒さをカクゴしなければいけないし、夏は夏で、連日35度を超すこともしばしば、地中から立ち上る湿気がそれに拍車をかけ、熱帯サウナの我慢大会を連想させる、過酷な日々を過ごさなければなりません。そのかわり、四季の感覚は日本と似通っており、北京などの内陸のように春秋が短いということもなく、日本と同じように、上海でも四季の移り変わりを楽しむことができるのです。酷暑が続く夏があり、道も凍るような冬を経ることで、上海の春秋はより素晴らしいひとときに感じられることでしょう。

会话 4

そのお茶はいくらですか？

伊个茶叶几钿？

由纪: 哎，师傅， 伊个 茶叶 是 啥个 茶叶？
e¹　　si¹hhu　　i¹ghak　sho³hhiek　shi³　sa²ghak　sho³hhiek
エ　　スーヴ　　イガッ　ゾーイエッ　ズー　サーガ　ゾーイエッ

售货员: 是　 绿茶，　 碧螺春。　　昨日　　 刚刚　　到个　　新茶。
shi³　lok⁵sho　biek⁴lucen　　sho³niek　gang¹gang　dao²ghak　xin¹sho
ズー　ロッゾー　ビェルーツェン　ゾーニエッ　ガンガン　ドーガッ　シンゾー

由纪: 格种　　茶叶　　蛮好，　几钿　　一两？
ghak⁵zong　sho³hhiek　me¹hao　ji²dhi　iek⁴liang
ガッゾン　　ゾーイエッ　メーホ　ジディ　イエッリャン

售货员: 三十　　八块。
se¹shak　bak⁴kue
セーザッ　バックェ

由纪: 葛　我　买　一百克。
gak⁴　ngo³　ma³　iek⁴bakkak
ガッ　ンゴー　マー　イエッバッカッ

ゆき： すみません。そのお茶は何ですか？
店員： 緑茶で碧螺春と言います。昨日来たばかりの新茶ですよ。
ゆき： いいお茶ですね！　おいくらですか？
店員： 1両38元です。
ゆき： では、100グラム分ください。

si²shak lok⁵

哎 师傅 エ　スーヴ	すみません

“哎”は日本語の「もしもし」「あの」にあたる呼びかけの感嘆詞ですが、この1語だとぞんざいな印象を与えます。買い物の時相手が中年以上で“师傅”（日本語の「親方」にあたる）、若い女性なら“小姐”（xiao²jia シャオジャー）の一言を加えましょう。男性に対しては、“先生”（xi¹sang シーサン）も、最近ではよく用いられます。

昨日 ゾーニエッ	きのう

“今朝”（jin¹zao　ジンツォー）「今日」、“明朝”（min³zao　ミンツォー）「明日」、“前日”（xhi³niek　シーニエッ）「おととい」、“后日”（hheu³niek　ウーニエッ）「あさって」

几钿　　一两 ジディ　イエッリャン	一両いくらですか

“几钿”は「いくら」の意味です。値段を尋ねる時にはこのひとことでもいいのですが、あとに“一张”（iek⁴zang　イエッザン）「一枚」、“一瓶”（iek⁴bhin　イエッビン）「一瓶」など、ものに合った単位を加えてやるとより丁寧です。

三十　八块 セーサ　バックェ	38元

単位（この場合は“块”（kue²））をつけて聞かれた場合、答える側は単位を省略します。逆にこちら側が単位をつけなかった場合、答える側は単位をつける習慣になっています。

一百克 イエッバッカッ	100グラム

元々は重量を表す際にはほとんどが“斤・两”“斤”（jin¹　ジン）「500グラム」、“両”（liang³　リャン）「50グラム」を使いましたが、今では“克”kak⁴　カッ）「グラム」表記にとって変わりつつあります。しかし、自由市場で食料品を買う時などは依然“斤　两”が健在です。

いろいろな表現

Track 56

哎，　小姐，　来　一瓶
エ　ショージャー　レー　イェッビン

啤酒　好哦？
ビージウ　ホウヴァ

e^{1} xiao^{2}jia le^{3} iek^{4}bhin bhi^{3}jieu hao^{2}vak

すみません。ビールを１本ください。

先生　请　稍微
シーサン　チン　ソーウェイ

等一歇。
デンイェッシェッ

xi^{1}sang qin^{2} sao^{1}hhue den^{2}iekxiek

少々お待ちください。

ここでは店員が女性なので“小姐”と呼びかけています。そして客が男性なので「お待ちください」の前に“先生”をつけていますが、客が女性の場合はもちろん“小姐请稍微等一歇”（xiao^{2}jia qin^{2} sao^{1}hhue den^{2}iekxiek　シャオジャー　チン　ソーウェー　デンイェッシェッ）です。

格种　饼干　几钿　一斤？
ガッゾン　ビングウイ　ジディ　イッチン

ghak^{5}zong bin^{2}goe ji^{2}dhi iek^{4}jin

このビスケットはいくらですか？

三块。　侬　要　几化？
セークェ　ノン　ヨー　ジーホー

se^{1}kue nong^{3} iao^{2} ji^{2}ho

１斤３元です。どのくらい計りますか？

电话卡　　　　有得　几种？
ディーウォーカー　ユゥダッ　ジーゾン

dhi[3]hhoka hhieu[3]dak ji[2]zong

テレフォンカードは何種類ありますか？

三种，　有　三十块个，
セーゾン　ユゥ　セーザクエガッ

五十块个，　一百块个。
ンーザックエガッ　イエッパックエガッ

依　要　阿里　一种？
ノン　ヨー　アーリー　イエッゾン

se[1]zong hhieu[3] se[1]shakkueghak hhng[3]shakkueghak iek[4]bakkueghak nong[3] iao[2] hha[3]li iek[4]zong

30元、50元、100元の３種類です。どれをお求めですか？

今朝　是　几号？
チンゾー　ズ　ジーオー

jin[1]zao shi[3] ji[2]hhao

今日は何日だっけ？

昨日　是　十五号，
ゾーニェッ　ズ　サッンーオー

今朝　十六号。
チンゾー　サッロッオー

sho[3]niek shi[3] shak[5]hhnghhao jin[1]zao shak[5]lokhhao

昨日が15日だから、今日は16日だね。

会话

5

Track 57

2000元は高すぎます！

两千块忒贵了！

由纪： 格只 青花 缸 瞎嗲末。 是 啥个 年代个？
ghak5zak qin1hogang hak4diamak shi3 sa2ghak ni3dheghak
ガッザッ チンフゥガン ハッデャーマ ズ サーガッ ニーデーガッ

老板： 是 光绪 年代个。 两千块 邪气 合算。
shi3 guang1xy ni3dheghak liang3qikue xhia3qi gak4soe
ズ グアンシュー ニーデーガッ リャンチークゥエ シャーチー ガッスゥイ

由纪： 啥个， 两千块？！ 忒 贵了！
sa2ghak liang3qikue tak4 jy2lak
サーガッ リャンチークゥエ タッ ジューラッ

老板： 葛 侬 讲 几钿？
gak4 nong3 gang2 ji2dhi
ガッ ノン ガン ジディー

由纪： 顶多 一千块。
din2du iek4qikue
ディンドゥ イエッチークゥエ

老板： 格 勿来三个。 我个 收购价 也要 一千块咪。
ghak5 vak5leseghak ngo3ghak seu1geuga hha3iao iek4qikuele
ガッ ヴァッレーセーガッンゴーガッ スゥグゥガー アーヨー イエッチークェイレー

ゆき： この染付の壺、とてもきれいですね。いつ頃のものですか？
オーナー： 光緒年代のものですよ。2000元はお買い得です。
ゆき： 2000元？ 高すぎます！
オーナー： じゃあいくらならいいですか？
ゆき： 高くても1000元かな。
オーナー： そりゃダメですよ。買いつけ値が1000元なんですから。

瞎 ハッ	とても～である

一般的な「とても～である」は“蛮”（me[1]　メ）を使いますが、これを“瞎”に置き換えることで、感心や感動の気持ちを表現することができます。

两千块 リャンチークゥエ	2000元

上海語の「2」は“两”（liang[3]　リアン）と“二”（ni[3]　ニー）の２種類ありますが、“二”の出番はぐっと少なく、「2番目の」（“第二个”dhi[3]nighak　ディニーガッ）、「第２～」（“第二”　dhi[3]ni　ディニー）と言った序列を表す時と、２ケタ以上の数字の１ケタ目にしか使われません。その他の場合はすべて“两”（liang[3]　リアン）を使います。

忒～了 タッ～ラッ	～すぎる

“忒”と“了”の間に形容詞（ここでは“贵”「値段が高い」）を入れることで、「～すぎる」です。「あまり～ではない」は“勿大～”（vak[5]dha~　ヴァッダー～）です。

侬　讲 ノン　ガン	あなたが思うには

“讲”（gang[2]　ガン）単体では「言う」という意味ですが、“侬”（nong[3]　ノン）「あなた」とくっつけて“侬讲～”「あなたは～と思いますか」と、意見をうかがう表現になります。

顶多 ディンドゥ	多くて～です

この“顶～”のあとには必ず数量が来ることが決まりとなっています。

勿来三 ヴァッレーセー	ダメ

“勿来事”（vak[5]leshi　ヴァッレーズ）ともよく言いますが、どちらも意味は同じで、「ダメ」を表します。

いろいろな表現

小姐，　侬　买　啥？ ショージャー　ノン　マー　サー	xiao²jia nong³ ma³ sa² 何をお探しですか？
看看。 クゥイクゥイ	koe²koe 見てるだけです。

お店に入ると真っ先に"买啥"と聞かれることが多くなりました。まずじっくり商品を見たい場合には"看看"と答えておけばいいでしょう。

早浪　　天气　　瞎好！ ゾーラン　ティーチー　ハッホー	zao²lang ti¹qi hak⁴hao 朝は本当にいい天気です。
昨日　　夜到　　落过 ゾーニェッ　ヤードゥ　ロックゥ 雨了。　格歇　　空气也 ユィーラッ　ガッシェツ　コンチーアー 邪气　新鲜。 シャーチー　シンシー	sho³niek hhia³dao lok⁵gu hhy³lak ghak⁵xiek kong¹qihha xhia³qi xin¹xi 昨日雨が降ったせいで、空気もとてもいいですね。

上个　礼拜　大家 ザンガ　リーバ　ダーガ 聚会，　侬　　哪能 ジューヴェー　ノン　ナーヌン 呒没　参加？ ンマッ　ツゥイガー	shang³ghak li³ba dha³ga jhy³hhue nong³ na³nen hhm³mak coe¹ga 先週の会合にはなぜ出なかったの？

阿拉　娘　　身体　　勿大　好。
アラ　ニャン センティー ヴァッダー ホー

我　　要　　照顾伊。
ンゴー　ヨー　ゾーグーイー

ak^{4}la niang^3 sen^{1}ti vak^{5}dha hao^2
ngo^3 iao^2 zao^{2}guhhi

母の具合があまりよくなくて、
看病していたの。

现在 阿拉 去　吃
イーゼ　アラ　チー　チェッ

夜饭　　好哦，侬　讲
ヤーヴェー　ホーヴァ　ノン　ガン

吃　　啥　　物事？
チェッ　サー　マーズ

hhi^{3}she ak^{4}la qi^2 qiek^4
hhia^{3}ve hao^{2}vak nong^3 gang^2
qiek^4 sa^2 mak^{5}shi

夕食を食べに行きましょう。
何が食べたいですか？

我　　啥　　物事　侪　可以。
ンゴー　サー　マズ　ゼー　クーイー

ngo^3 sa^2 makshi she^3 ku^{2}i

何でもいいですよ。

会话 6

Track 59

バンドに行きたい

我想到外滩去

由纪： 小赵， 从 格搭 到 外滩去 哪能走？
xiao^{2}shao shong^{3} ghak^{5}dak dao^{2} nga^{3}teqi na^{3}nenzeu
ショーソー ゾン ガッタッ ドー ンガーテチ ナヌンズゥ

小赵： 格搭 是 南京路 浙江路口， 一直
ghak^{5}dak shi^{3} noe^{3}jinlu zak^{4}ganglukeu iek^{4}shak
ガッタッ ズ ヌゥイジンルー ザッガンルークゥ イェッザッ

朝东走 就是 外滩。
shao^{3}dongzeu jhieu^{3}shi nga^{3}te
ゾオドンズゥ ジューズ ンガーテ

由纪： 朝东？ 阿里 是 东面？
shao^{3}dong hha^{3}li shi^{3} dong^{1}mi
ゾオドン アリ ズ ドンミー

小赵： 阿拉 现在 朝 南， 东 拉拉 左面。
ak^{4}la hhi^{3}she shao^{3} noe^{3} dong^{1} lak^{5}lak zu^{2}mi
アラ イーゼ ゾオ ヌゥイ ドン ラッラッ ズウミー

ゆき： 趙君、ここからバンドってどうやって行くの？
趙： ここは南京路と浙江路の交差点だから、東にまっすぐだね。
ゆき： 東って… どっちの方向？
趙： 今南を向いてるから、左側だよ。

从　格搭　到　外滩 ゾン　ガッタッ　ドー　ンガーテ	ここからバンドまで

“从A到B”は「AからBまで」という構文です。ここでは現在地を表す“格搭”「ここ」がA、目的地の“外滩”「バンド」がBとなっています。

走 ズウ	歩く

日本語では「走る」という意味の“走”は上海語では「歩く」です。また、標準語では「走る」の意味の“跑”（bhao³　ボー）も「歩く」なので、標準語がわかる人は間違えやすく、注意が必要です。ちなみに上海語の「走る」は“奔”（ben¹　ベン）です。

朝东 ゾオドン	東向き

“朝”は「～向き」を表します。これは建物の向きを表す時にも使われ、“朝南”（shao³ noe³　ゾオ　ヌゥイ）「南向き」は住居を決める上で、上海人の中では大きなプラスポイントになっています。南向きへのこだわりは、日本人よりもずっと高いようです。

拉拉 ラッラッ	～にある、（人が）いる

同義語として“拉”、“拉海”（lak⁵he　ラッヘー）、“拉该”（lak⁵ge　ラッゲー）がありますが、“拉”を使う場合は必ずそのあとに場所を表す語句（この文章の場合は“左边”「左側」）をつけなくてはいけません。また“拉该”は新語で、特に若い人の間で多く使われます。

いろいろな表現

Track 60

从　格搭　到
ゾン　ガッタッ　ドー

火车站　要　几化辰光？
ホォツォゼ　ヨー　ジーホーズングアン

shong^{3} ghak^{5}dak dao^{2}
hu^{2}coshe iao^{2} ji^{2}hoshenguang
ここから駅までどのくらいかかりますか？

到　伊搭去　肯定　要
ドー　イタッチ　ケンディン　ヨー

堵车，　大概要
ドゥツォー　ダーゲーヨー

一个　钟头哦。
イェッガッ　ゾンドゥヴァッ

dao^{2} i^{1}takqi ken^{2}dhin’iao
du^{2}co dha^{3}geiao
iek^{4}ghak zong^{1}dheuvak.
あそこまで行くならば、絶対渋滞しますので、1時間はかかるでしょう。

从　侬　屋里　到　公司
ゾン　ナー　オリー　ドー　ゴンスー

远哦？
ユゥヴァッ

shong^{3} na^{3} ok^{4}li dao^{2} gong^{1}si
hhy^{3}vak
あなたの家から会社までは遠いですか？

勿大远，　76路
ヴァッダーユゥ　チェザロッルー

公共汽车　乘　五站
コンゴンチーツォー　ツェン　ンーゼ

就　到了
ジュー　ドーラッ

vak^{5}dhahhy qiek^{4}shakloklu
gong^{1}ghongqico cen^{2} hhng^{3}she
jhieu^{3} dao^{2}lak
いいえ、76番のバスで5つ目ですから遠くありません。

侬　讲　格间　房间 ノン　ガン　ガッケー　ヴァンケー 好　派　啥　用场？ ホー　パー　サー　ヨンザン	nong^{3} gang^{2} ghak^{5}ge vang^{3}ge hao^{2} pa^{2} sa^{2} hhiong^{3}shang この部屋は何に使ったらいいと思いますか？
格间　朝北，　光线 ガッケー　ゾオポッ　グアンシー 也　勿好，　我　觉着 アー　ヴァッホー　ンゴー　ゴッザッ 只好　做仓库。 ザッホー　ズウツァンクー	ghak^{5}ge shao^{3}bok guang^{1}xi hha^{3} vak^{5}hao ngo^{3} gok^{4}shak zak^{4}hao zu^{2}cangku 北向きだし日当たりもよくないから、倉庫にしかならないでしょう。

侬　爱人　拉海哦？ ノン　エニン　ラッヘーヴァッ	nong^{3} e^{2}nin lak^{5}hevak 奥様はいらっしゃいますか？
勿拉拉。　伊　拉　朋友 ヴァッラッラッ　イー　ラッ　バンユゥ 屋里。 オッリ	vak^{5}laklak hhi^{3} lak^{5} bhang^{3}hhieu ok^{4}li いいえ、友人宅にいます。

会话 7

Track 61

タクシーで？　それともバスで？

乘差头还是乘公共汽车？

小赵：	哟，	辰光	勿早了。	阿拉	豪扫	走哦！
	iok^4	shen^{3}guang	vak^{5}zaolak	ak^{4}la	hhao^{3}sao	zeu^{2}vak
	ヨッ	ズングアン	ヴァッゾウラッ	アラ	ホーソー	ズゥヴァッ

由纪：	从	格搭	走过去	远哦？
	shong^3	ghak^{5}dak	zeu^{2}guqi	hhy^{3}vak
	ゾン	ガッタッ	ズゥグーチー	ユゥヴァッ

小赵：	远是	勿大远，	不过	辰光	忒	紧张了，
	hhy^{3}shi	vak^{5}dhahhy	bak^{4}gu	shen^{3}guang	tak^4	jin^{2}zanglak
	ユゥズ	ヴァッダーユゥ	バッグゥ	ズングアン	タッ	ジンザンラ
	乘车子去	保险眼。				
	cen^{2}coziqi	bao^{2}xi'nge				
	ツェンツォーズチ	ボーシーンゲー				

由纪：	乘	差头	还是	公共汽车？
	cen^2	ca^{1}dheu	hhe^{3}shi	gong^{1}ghongqico
	ツェン	ツァードゥー	エーズ	コンゴンチーツォー

小赵：	当然	乘	差头咾。	只有	十分钟了。	豪扫！
	dang^{1}shoe	cen^2	ca^{1}dheulao	zak^{4}hhieu	shak^{5}fenzonglak	hhao^{3}sao
	ダンゾゥイー	ツェン	ツァッドゥーロ	ザッユゥ	サッフェンゾンラ	ホーソー

趙：　うわっ！　もうこんな時間だ。早く行こう！
ゆき：　ここから歩いて行くと遠い？
趙：　遠くはないけど、時間がないから車のほうが安全だね。
ゆき：　タクシー？　それともバス？
趙：　もちろんタクシー。10分しかないよ。急いで！

豪扫 ホーソー	すぐに

「急いで～する」を表します。「～」の部分には動詞（この場合は“走”「行く」）が入ります。「ゆっくり～する」は“慢慢～”（me^{3}me　メーメー）となります。

从　格搭　走过去　远哦？ ゾン ガッタッ ズゥグーチー　ユゥヴァッ	ここから歩いて行くと遠いですか？

もっと簡単に“离格搭远哦？”（li^3 ghak^{5}dak hhy^{3}vak　リー ガッタッ ユゥヴァッ）「ここから遠いですか？」と言うのも可能ですが、もっと詳しく、交通手段を問うためには「从～＋交通手段＋距離＋疑問符」という構文になります。

保险 ボーシー	安全だ、確かだ

日本語と同様に「保険」の意味もありますが、より確実な手段を表す時にも「安心だ」の意味を込めて使います。

还是 エーズ	それとも

「AそれともB」という比較を表す時に使い、語順は日本語と全く同じですが、名詞（ここでは“差头”「タクシー」と“公共汽车”「バス」）の前に動詞（ここでは“乘”「乗る」）を必ずつけます。

差头 ツァードゥー	タクシー

「むかしの言葉の復活」の一例です。標準語と同じ“出租汽车”（cak^{4}zuqico（ツァッツゥーチーツォー）でもいいのですが、解放前（中華人民共和国成立の1949年以前）に使われていた言葉が復活し、“差头”と呼ぶ上海人が今増えています。この他には株用語の単語や、公務員を表す“公务员”（gong^{1}hhuhhy　コーンウーユゥ）（80年代初頭までは雑役夫の意味）なども「復活用語」です。

いろいろな表現

介许多书　　　我　一个
ガーシードゥースー　ンゴー　イェガッ
号头也　　看勿光！
ホードゥアー　クゥイヴァッグアン

ga^{1}xydusi ngo^3 iek^{4}ghak
hhao^{3}dheuhha koe^{2}vakguang
こんなにたくさんの本、何カ月あっても読み終わりませんよ！

呒没关系个，
ンーマッグゥイシーガッ
辰光　　有的是。
ズングアン　ユゥーディズー
侬　　慢慢叫
ノン　メーメージョー
看　好味！
クゥイ　ホーレ

hhm^{3}makguexighak
shen^{3}guang hhieu^{3}diekshi
nong^3 me^{3}mejiao
koe^2 hao^2 le
時間はたっぷりありますから、ゆっくり読んでください！

订　　　飞机票　　　提前
ティン　フィージーピョー　ディージー
几天　　比较　　保险？
ジーティ　ビージョー　ボーシ

din^2 fi^{1}jipiao dhi^{3}xhi
ji^{2}ti bi^{2}jiao bao^{2}xi
飛行機の切符は何日前に予約すれば安全ですかね？

现在是　旅游　　旺季，
イーゼズ　リューユゥ　ウァンジー
两个礼拜　　　前头　　订
リャンガッリーバー　シードゥ　ティン
保险眼。
ボーシーンゲ

hhi^{3}sheshi ly^{3}hhieu hhuang^{3}ji
liang^{3}ghakliba xhi^{3}dheu din^2
bao^{2}xi'nge
今は旅行シーズンですから、2週間前には予約するべきでしょう。

侬　吃　咖啡　还是 ノン　チェッ　カーフィー　エーズ 吃　　红茶？ チェッ　ホンゾー 吃　　咖啡好咾。 チェッ　カーフィーホーレ	nong³ qiek⁴ ka¹fi hhe³shi qiek⁴ hhong³sho コーヒーにしますか、紅茶にしますか？ qiek⁴ ka¹fihaole コーヒーにします。

伊　是　中国人　还是 イー　ズー　ゾングオッニン　エーズ 日本人？ ザッパンニン 伊　是　中国人。 イー　ズ　ゾングオッニン	hhi³ shi³ zong¹goknin hhe³shi shak⁵bennin 彼は中国人ですか、日本人ですか？ hhi³ shi³ zong¹goknin 中国人です。

会话

8

日帰り旅行

Track 63

一日游

由纪： 小姐， 我 想 买 两张 到 苏州个
xiao[2]jia ngo[3] xiang[2] ma[3] liang[3]zang dao[2] su[1]zeughak
ショージャー ンゴー シアン マー リアンザン ドー スウズゥガッ

火车票。
hu[2]copiao
ホォツォーピョー

售票员： 要 阿里一次个？
iao[2] hha[3]liiekcighak?
ヨー アリイエッツーガッ

由纪： 随便 阿里一次 侪可以。 最早是
shoe[3]bhi hha[3]liiekci she[3]kui zoe[1]zaoshi
スゥイービー アリイエッツー ゼークーイー ズゥイゾーズ

几点钟个？
ji[2]dizongghak
ジーディーゾンガッ

售票员： 九点 三十 六分个， 旅游 二号。
jieu[2]di se[1]shak lok[5]fenghak ly[3]hhieu liang[3]hhao
ジューディ セーザ ロッフェンガッ リューユゥー リアンオー

ゆき： 蘇州行きの切符を２枚欲しいのですが。
駅員： 何番の列車ですか？
ゆき： 何番でもいいです。一番早いのは何時出発ですか？
駅員： ９時 36 分の旅游２号ですね。

想 シアン	～したいと思う

主語（ここでは“我”「私は」）と動詞（“买”「買う」）の間に入れるのが決まりとなっています。もう少し強い意味合いにしたい時（この文の場合は「蘇州行きの切符をください」）には“要”を使うといいでしょう。

阿里一次 アリイエッツー	何番ですか？

中国で切符を買うときには、列車番号を言うことがほとんどで、列車番号についているアルファベットで列車の種類がわかるようになっています。詳細は以下の通りです。T＝特急、K＝急行、L＝臨時列車、マークなし＝普通、Z＝直通

侪 ゼー	どれでも

「どれでも～です」という時に使います。例：阿拉侪是日本人（ak^{4}la she^{3}shi shak^{5}bennin　アラ　ゼーズ　サッパンニン）「私たちはみな日本人です」

旅游　　　　二号 リューユゥー　リアンオー	旅游２号

上海から蘇州、南京などの近距離で観光コースになる場所行きの一部には、旅游車と呼ばれる２階建ての特急列車があります。そのほとんどは特急で、座席がゆったりしている、設備がよいなど、普通の列車よりも高級感がある造りになっているのですが、料金は普通の特急と変わりありません。

いろいろな表現

Track 64

侬　要　硬座　还是 ノン　ヨー　ガンズゥ　エーズ 卧铺？ ングープー	nong^{3} iao^{2} ngang^{3}shu hhe^{3}shi ngu^{3}pu 2等座席にしますか、寝台車にしますか？
软卧票　　　还　有哦？ ニゥイングーピョー　エー　ユゥヴァ	ny^{3}ngupiao hhe^{3} hhieu^{3}vak 1等寝台はまだありますか？
让我　　　看一看。 ニャンンゴー　クゥイイエックゥイ 对勿起，　　软卧票 デーヴァッチー　ニゥイングーピョー 已经　呒没了。 イジン　　ンーマラッ	niang^{3}ngo koe^{2}iekkoe de^{2}vakqi ny^{3}ngupiao i^{2}jin hhm^{3}maklak 少々お待ちください。申し訳ありません、売り切れです。

从　上海　到　北京 ゾン　サンヘー　ドー　ポッチン 要　乘　几个钟头？ ヨー　ツェン　ジーガッゾンドゥ	shong^{3} shang^{3}he dao^{2} bok^{4}jin iao^{2} cen^{2} ji^{2}ghakzongdheu 上海から北京までは何時間ですか？
14次　　“特快”　是 サッスーツー　ダックア　　ズ 12个　　钟头。 サッニーガッ ゾンドゥ	shak^{5}sici dhak^{5}kua shi^{3} shak^{5}nighak zong^{1}dheu 14号の特急ですと12時間です。

上海旅行事情

上海に限らず中国では飛行機の国内線が発達しており、中規模の都市であればたいてい空路が通っています。また、鉄道網もそれ以前から発達しているため、時間さえ気にならなければ、日本では絶滅寸前とも言える寝台車での旅も可能です。

さらに上海の場合、河に面した土地ですから、水路での移動も可能と、旅好きにとっては交通手段を考えるだけでも、うきうきしてしまうようなラインナップがそろうのです。

ここに最近は車での移動が加わりました。元々、長距離バスでの移動はあったのですが、高速道路の整備と一般車両、つまりマイカー購入層が広がったことで、近隣都市ならちょっと車で、という人が増えているのです。例えば、紹興酒で有名な浙江省の紹興などは、ひと昔前は夜行の特急に揺られて6時間、夜中に現地に到着という手段が最速でしたが、今では高速道路を飛ばせば3時間ほどで着いてしまうため、気軽に日帰りができる場所になっています。つまり、上海からの小旅行の範囲が今までよりもぐっと広がった、ということなのです。

私たちガイジンはそう自由に車を乗り回せないので、マイカー移動はあきらめるとしても、長距離バスを利用すれば、小さな旅を楽しむことができます。たまには高層ビルの群れを逃れ、ゆったりとした水郷風景を楽しむ1日があってもよいでしょう。

会话 9

Track 65

4人でうかがいます

预定四个人吃饭

由纪：	喂，	今朝	夜到	我	想	到伽	饭店
	hhue^3	jin^{1}zao	hhia^{3}dao	ngo^3	xiang^2	dao^{2}na	ve^{3}di
	ウェイ	ジンツォー	ヤードー	ンゴー	シアン	ドーナー	ヴェーディ
	吃	饭。	有	位子哦？			
	qiek^4	ve^3	hhieu^3	hhue^{3}zivak			
	チェッ	ヴェー	ユゥ	ウェーズヴァ			

服务员：	有个呀。	欢迎	光临！	侬	有	几位	客人？
	hhieu^{3}ghakia	hoe^{1}nin	guang^{1}lin	nong^3	hhieu^3	ji^{2}hhue	kak^{4}nin
	ユゥガヤ	フゥイニン	グアンリン	ノン	ユゥ	ジーウェ	カニン

由纪：	一共	四个	人。	六点钟	来三哦？
	iek^{4}ghong	si^{2}ghak	nin^3	lok^{5}dizong	le^{3}sevak
	イェッゴン	スーガッ	ニン	ロッディーゾン	レーセーヴァ

服务员：	呒没问题。	客人	侬	贵姓？	叫啥	名字？
	hhm^{3}makvendhi	kak^{4}nin	nong^3	gue^{2}xin	jiao^{2}sa	min^{3}shi?
	ンーマッヴェンディ	カニン	ノン	グェイシン	ジョーサー	ミンズ

ゆき： もしもし、今晩の席を予約したいんですが。
店員： ありがとうございます。何名様ですか？
ゆき： 4人です。6時ですが、どうでしょう？
店員： 大丈夫です。お名前をどうぞ。

今朝　　夜到 ジンツォー　ヤードー	今晩

“今朝”は「今日」を表します。そのあとに具体的な時間帯を言うのは、日本語の語順と同じなので間違いにくいでしょう。その他の時間帯は次の通りです。“早浪（向）”（zao^2lang(xiang)　ゾーラン（シャン））「けさ」、“中浪（向）”（$zong^1$lang(xiang)　ゾンラン（シャン））「昼」、“夜快”（$hhia^3$kua　ヤークア）「夕方」、“上半日”（$shang^3$boeniek　ザンヴゥイニェッ）「午前中」、“下半日”（hho^3boeniek　オーヴゥイニェッ）「午後」

有　几位？ ユゥ　ジーウェ	何名様ですか？

“位”は敬語で人数を表す時に使います。

来三 レーセー	いい、大丈夫

標準語と同じく“可以”（ku^2i　クーイー）という言い方もありますが、上海人の間ではこちらのほうがよく使われています。“来事”（le^3shi　レーズ）とも言います。

客人　侬　贵姓？叫啥　名字？ カニン　ノン　グェイシン　ジョーサー　ミンズ	お客様、お名前をフルネームでお願いします。

中国人は同姓が多いので、名前はこのようにフルネームで聞かれることが多いです。しかし日本人の場合は“我　是　日本人，叫　〇〇”（ngo^3 shi^3 $shak^5$bennin $jiao^2$ 〇〇　ンゴー　ズ　ザッパンニン　ジョー　〇〇）「日本人で〇〇と申します」と言えば大丈夫でしょう。

いろいろな表現

Track 66

喂，我 是 铃木， ウェイ ンゴー ズ リンモッ 请问，侬 是 啥人？ チンメン ノン ズ サニン	hhue^3 ngo^3 shi^3 lin^{3}mok qin^{2}men nong^3 shi^3 sa^{2}nin もしもし、鈴木ですがどちら様ですか？
铃木 侬 好！我 是 リンモッ ノン ホウ ンゴー ズ 小王。 ショーウアン	lin^{3}mok nong^3 hao^2 ngo^3 shi^3 xiao^{2}hhuang 鈴木さん、こんにちは。王です。

请侬 叫 小李 听 チンノン ジョー ショーリー ティン 电话好哦？ ディーウォホーヴァ	qin^{2}nong jiao^2 xiao^{2}li tin^1 dhi^{3}hhohaovak 李君はいますか？
小李 格歇 勿拉海。 ショーリー ガッシェッ ヴァッラッヘー 侬 有 啥 事体？ ノン ユゥ サー ズティー	xiao^{2}li gak^{5}xiek vak^{5}lakhe nong^3 hhieu^3 sa^2 shi^{3}ti 今おりません。 ご用件は何ですか？

㑚 饭店 好 随到 ナー ヴェディー ホー スゥイードー 随吃哦？ スゥイーチッヴァッ	na^3 ve^{3}di hao^2 shoe^{3}dao shoe^{3}qiekvak こちらのレストランは予約なしで大丈夫ですか？
勿来三个。 阿拉 饭店 ヴァッレーセーガッ アラ ヴェーディー 侪要 预约个。 ゼーヨー イユーヤッガッ	vak^{5}leseghak ak^{4}la ve^{3}di she^{3}iao hhy^{3}iakghak いいえ、必ず予約が必要です。

好　脱 阿拉　开只　单间哦？
ホー　タッ　アラ　ケーザッ　テーケーヴァ

hao^{2} tak^{4} ak^{4}la ke^{1}zak de^{1}gevak
シングルルームにしていただけますか？

可以呀。 二楼　还有　一只
クーイーア　ニロウ　エーユー　イェッザッ

单间，　邪气　清静。
テーケー　シャーチー　チンジン

ku^{2}iia ni^{3}leu hhe^{3}hhieu iek^{4}zak de^{1}ge xhia^{3}qi qin^{1}jhin
はい。シングルルームは２階に１室のみ空いております。静かなよいお部屋です。

上海料理

上海料理は、日本で言うとちょうど東京の味に似ています。味付けが濃いめで、醤油と砂糖で甘辛く煮込んだものがお得意。ちょっとのおかずでご飯が進む、そんな料理が多いのです。

上海というエキゾチックなイメージがある街からは、こういう味付けの料理は想像しにくいかもしれません。しかし上海は元々商業と軽工業で栄えた街です。彼らの体力と胃袋を支えるためには、カンタンにできて、味付けが濃いめでなければいけなかったのです。広東地方に行くと、どの家庭でもストーブ（コンロ）の上にはスペアリブのスープを取る土鍋がコトコトいっていますが、上海の家庭のスープは至って気軽。材料を炒め、そこに水を張って化学調味料と塩で味をつけるだけです。

そんな気軽な料理が得意な上海人ですが、こと野菜に関しては恐らく中国一と思えるエネルギーを注ぎます。市場では柔らかい新芽のものしか買わず、家に帰って夕げの支度となると、そこからさらにしなびた葉、堅い部分を、ひとつひとつ丁寧に取り去ってしまいます。この下ごしらえをしない限り、料理なんてとんでもない、といった様子なのです。

調理はカンタンに、でも野菜には人一倍のエネルギーを。こんなメリハリのある食生活が、上海人のパワーを支えているのです。

会话 10

Track 67

ハリー・ポッターを見に行きましょう

一道去看《哈里・波特》好勿啦

小赵：下半日　依　阿有　空？
hho3boeniek nong3 a1hhieu kong2
オーブゥイーニェッ ノン アユゥ コン

一道去　看　《哈里・波特》　好勿啦？
iek4dhaoqi koe2 ha1li bu1tak hao2vakla
イエッドーチ クゥイ ハーリブータッ ホーヴァラッ

由纪：好　极了！　有　空个。　我　也　正好　想　看
hao2 jhiek5lak hhieu3 kong2ghak ngo3 hha3 zen2hao xiang2 koe2
ホー ジェッラッ ユゥ コンガッ ンゴー アー ズンホー シアン クゥイ

格只　电影。
ghak5zak dhi3in
ガッツァ ディーイン

小赵：葛末　两点钟　拉　徐家汇　碰头。　依　看　哪能？
gak4mak liang3dizong lak5 xhi3gahhue bhang3dheu nong3 koe2 na3nen
ガマッ リアンディーゾン ラッ シーガウェ バンドゥ ノン クゥイ ナーヌン

由纪：好个呀，　拉拉　老地方　碰　头哦！
hao2ghak'ia lak5lak lao3dhifang bhang3 dheu3vak
ホーガヤ ラッラッ ローディーファン バン ドゥヴァッ

趙：　午後は空いてる？「ハリー・ポッター」を見に行かない？
ゆき：やった！　空いてるわ。ずっと見に行きたいと思ってたところなの。
趙：　じゃあ２時に徐家匯で待ち合わせってことでどう？
ゆき：いいわよ。じゃ、いつもの場所で。

一道去　　看　哈里・波特 イエッドーチ　クゥイ　ハーリ　ブータッ	一緒にハリー・ポッターを 見に行きましょう

“一道”＋動詞（ここでは“去看”「見に行く」）で「一緒に～しましょう」の意味になります。また、最近上海の映画も封切りが早く、「ハリー・ポッター」シリーズなども日本とほとんど同時期に封切られています。

正好　想～ ズンホー　シアン	ちょうど～したかった

これも、あとに動詞（ここでは“看”「観る」）を加えることで１つの言葉として成立します。

侬　看　哪能？ ノン　クゥイ　ナーヌン	どうですか？ （どう思いますか？）

自分の発言に対して同意や意見を求める時に使う言葉です。

碰头 バンドゥ	会う

この“碰头”以外に“集合”（ジェアッ）も「会う」ですが、これはどちらかというと多人数の時に使います。

Track 68

いろいろな表現

脱我　　一道到 タッンゴー　イェッドードー “新天地”去　好勿啦？ シンティーディーチ　ホーヴァラ	tak^4ngo iek^4dhaodao xin^1tidhiqi hao^2vakla 一緒に新天地に行きませんか？
对勿起，　我　呒没 デーヴァッチー　ンゴー　ンマッ 辰光。 ズングアン	de^2vakqi ngo^3 hhm^3mak $shen^3$guang ごめんなさい、時間がありません。

介急　　做啥？ ガージェッ　ズウサー	ka^1jiek zu^2sa そんなに急いでどうしたの？
我　　正好要去　寻侬。 ンゴー　ズンホーヨーチ　シンノン	ngo^3 zen^2haoiaoqi $xhin^3$nong ちょうど君を訪ねようと思ってたところなんだ。

侬　　看　　哪能？ ノン　クゥイ　ナーヌン	$nong^3$ koe^2 na^3nen どうですか？　お買いになりますか？
我　　看　阿拉　还是 ンゴー　クゥイ　アラ　エーズ 勿要买　　　算了。 ヴァッヨーマー　スゥイラッ	ngo^3 koe^2 ak^4la hhe^3shi vak^5iaoma soe^2lak やっぱりやめておきます。

一月	iek⁴hhyek	イエッユエッ	1月
二月	liang³hhyek	リャンユエッ	2月
三月	se¹hhyek	セーユエッ	3月
四月	si²hhyek	スーユエッ	4月
五月	hhng³hhyek	ンーユエッ	5月
六月	lok⁵hhyek	ロッユエッ	6月
七月	qiek⁴hhyek	チエッユエッ	7月
八月	bak⁴hhyek	バッユエッ	8月
九月	jieu²hhyek	ジューユエッ	9月
十月	shak⁵hhyek	サッユエッ	10月
十一月	shak⁵iekhhyek	サッイエッユエッ	11月
十二月	shak⁵nihhyek	サッニーユエッ	12月
几月	ji²hhyek	ジーユエッ	何月

一号	iek⁴hhao	イエッオー	1日（ついたち）
两号	liang³hhao	リャンオー	2日（ふつか）
十一号	shak⁵iekhhao	サッイエッオー	3日
十二号	shak⁵nihhao	サッニーオー	4日
二十号	nie³hhao	ニエーオー	20日
二十一号	nie³iekhhao	ニエーイエッオー	21日
三十号	se¹shakhhao	セーザッオー	30日
几号	ji²hhao	ジーオー	何日

会话 11

别腹

Track 69

吃点心脱吃饭是两桩事体

由纪：喔哟， 今朝 路 走了 瞎多， 肚皮也
ok^{4}iao jin^{1}zao lu^3 zeu^{2}lak hak^{4}du dhu^{3}bhihha
オッヨ ジンツォー ルー ズゥラッ ハッドゥー ドゥービアー

饿煞脱了！
ngu^{3}saktaklak
ングーサッタッラッ

小赵：啥个？ 侬 勿是 刚刚 吃了 一碗 芝麻
sa^{2}ghak nong^3 vak^{5}shi gang^{1}gang qiek^{4}lak iek^{4}oe zi^{1}mo
サーガッ ノン ヴァズー ガンガン チェッラッ イェッウィ ズーモー

汤团末， 哪能 又要 吃 饭了？！
tang^{1}dhoemak na^{3}nen hhieu^{3}iao qiek^4 ve^{3}lak
タンドゥイーマッ ナーヌン ユゥーヨー チェッ ヴェーラ

由纪：当然咾， 吃 点心 脱 吃 饭 是 两桩事体。
dang^{1}shoelao qiek^4 di^{2}xin tak^4 qiek^4 ve^3 shi^3 liang^{3}zangshiti
ダンゾゥイーロ チェッ ディーシン タッ チェッ ヴェー ズ リャンザンズーティ

豪扫去 吃 夜饭哦！
hhao^{3}saoqi qiek^4 hhia^{3}vevak
ホーソーチ チェッ ヤーヴェーヴァッ

小赵：看起来， 勿光是 侬， 我 也要 脱侬 一样
koe^{2}qile vak^{5}guangshi nong^3 ngo^3 hha^{3}iao tak^{4}nong iek^{4}hhiang
クゥイチレー ヴァッグアンズ ノン ンゴー アーヨー タッノン イェッヤン

减 肥了。
ge^2 vi^{3}lak
ゲー ビーラッ

～煞脱了 サッタッラッ	ものすごく～である

「とても」は“瞎”（hak⁴　ハッ）とも言いますが、特に強調したい時にはこの“～煞脱了”を使います。

哪能　　又要～ ナーヌン　ユゥーヨー	どうしてまた～

“哪能又要”＋動詞（ここでは“吃”「食べる」）＋目的語（ここでは“饭”「ご飯」）の語順と覚えておきましょう。

两桩事体 リャンザンズーティ	別物

２つの事柄を比べて（ここでは“吃甜点心”（qiek⁴ dhi³dixin　チェッディーティーシン）「甘いものを食べる」と“吃饭”「ご飯を食べる」）、事項の違いを説明する時に使います。

勿光是～，　　我　也～ ヴァッグアンズ　　ンゴー　アー	～どころか私も～

“勿光是”のかわりに“勿仅仅”（vak⁵jhinjhin　ヴァッジンジン）と言い換えることもできますが、意味は同じです。

ゆき：　あーあ、今日はさんざん歩いたからお腹が空いちゃった。
趙：　何だって？　さっきゴマ白玉団子を食べたばっかりじゃない。もうご飯？
ゆき：　そうよ。甘いものとご飯は別腹だもん。早く行きましょ。
趙：　この調子じゃ君どころか僕にもダイエットが必要かも。

いろいろな表現

Track 70

伊　哪能了？ イー　ナーヌンラッ	hhi^3 $na^3nenlak$ 彼、一体どうしたの？
我　也　勿晓得， ンゴー　アー　ヴァッショーダッ 像煞　气煞脱了。 シャンサッ　チーサッタッラッ	ngo^3 hha^3 $vak^5xiaodak$ $xhiang^3sak$ $qi^2saktaklak$ 私もわからないけど、何かすごく怒ってるの。

听说　上海闲话　脱 ティンサッ　サンヘーエーオー　タッ 日文里向　有 サッヴェンリーシャン　ユゥ 勿少字是　一样个， ヴァッソーズーズ　イェッヤンガッ 但是　意思　勿一样。 デーズ　イース　ヴァッイェッヤン	tin^1sak $shang^3hehhehho$ tak^4 $shak^5venlixiang$ $hhieu^3$ $vak^5saoshishi$ $iek^4hhiangghak$ dhe^3shi i^1si $vak^5iekhhiang$ 上海語と日本語は、漢字が同じでも意味が違うものが随分あるそうですね。
是个。　比方讲 ズーガッ　ビーファンガン 上海闲话　里向个 サンヘーエーオー　リーシャンガッ “汽车”　脱　日文里向个 チーツォー　タッ　サッヴェンリーシャンガッ “汽车”　就是　两桩事体。 チーツォー　ジューズ　リャンザンズーティ	shi^3ghak $bi^2fanggang$ $shang^3hehhehho$ $li^3xiangghak$ qi^2co tak^4 $shak^5venlixiangghak$ qi^2co $jhieu^3shi$ $liang^3zangshiti$ ええ、例えば上海語の「汽車」と日本語の「汽車」は全く別物ですしね。

哪能　　又要　　付 ナーヌン　ユゥヨー　フー 钞票了啦？ ツォーピョーララ	$na^3nen\ hhieu^3iao\ fu^2$ $cao^2piaolakla$ どうしてまた払わなきゃいけないんですか？
刚刚　　付个是　　治疗费， ガンガン　フーガッズ　ズーリョーフィ 格个　　是　　药费。 ガッガッ　ズ　　ヤッフィ	$gang^1gang\ fu^2ghakshi\ shi^3liaofi$ $ghak^5ghak\ shi^3\ hhiak^5fi$ さっきのは治療費で、これは薬代です。

我　　一直　　　勿晓得 ンゴー　イエッザッ　ヴァッショーダッ 伊　　老早就　　　结婚了。 イー　ローゾージュー　ジェッフンラッ	$ngo^3\ iek^4shak\ vak^5xiaodak$ $hhi^3\ lao^3zaojhieu\ jiek^4hunlak$ 彼が結婚してたなんて、ずっと知らなかった。
就是啊，　　勿光是　　侬 ジューズーア　ヴァッグアンズ　ノン 勿晓得，　　　我　　格个 ヴァッショーダッ　ンゴー　　ガガッ 表弟也　　　　勿晓得。 ビョーディーアー　ヴァッショーダッ	$jhieu^3shi'a\ vak^5guangshi\ nong^3$ $vak^5xiaodak\ ngo^3\ ghak^5ghak$ $biao^2dhihha\ vak^5xiaodak$ だろ？　君どころか、いとこの僕ですら知らなかったよ。

会话 12

おすすめ料理は何ですか？

Track 71

伽饭店个招牌菜是啥个菜？

小赵：	小姐，	请	拨我	看看	菜单。	由纪，	侬	要
	xiao^{2}jia	qin^2	bak^{4}ngo	koe^{2}koe	ce^{2}de	hhieu^{3}ji	nong^3	iao^2
	ショージャー	チン	パッンゴ	クゥイクゥイ	ツェーデ	ユゥジ	ノン	ヨー

	吃眼	啥？
	qiek^{4}nge	sa^2
	チェッンゲ	サー

由纪：	格搭	有啥	特色个	菜哦？
	ghak^{5}dak	hhieu^{3}sa	dhak^{5}sakghak	ce^{2}vak
	ガッタッ	ユゥサ	ダッサッガッ	ツェーヴァ

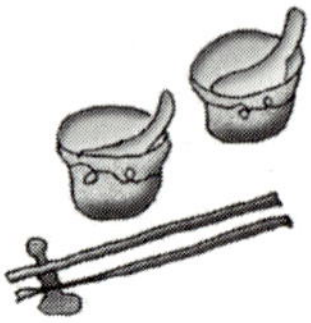

小赵：	伽	饭店个	招牌菜	是	啥个菜？
	na^3	ve^{3}dighak	zao^{1}bhace	shi^3	sa^{2}ghakce
	ナー	ヴェディガッ	ゾーバーツェ	ズ	サーガッツェ

服务员：	阿拉	格搭个	鱼	蛮有	特色个。
	ak^{4}la	ghak^{5}dakghak	hhng^3	me^{1}hhieu	dhak^{5}sakghak
	アラ	ガッタッガッ	ンー	メーユゥ	ダッサッガッ

	像	豆瓣	桂鱼、	大汤黄鱼咾啥。
	xhiang^3	dheu^{3}be	gue^{2}hhng	dhu^{3}tang'hhuang'hhnglaosa
	シアン	ドゥーベー	グゥエンー	ドゥータンワンンーローサ

小赵：	伊	勿欢喜	吃	辣个。
	hhi^3	vak^{5}hoexi	qiek^4	lak^{5}ghak
	イー	ヴァッフゥイシー	チェッ	ラッガッ

	葛末	就	来	一只	大汤黄鱼。
	gak^{4}mak	jhieu^3	le^3	iek^{4}zak	dhu^{3}tang'hhuang'hhng
	ガマッ	ジュー	レー	イェッツァッ	ドゥータンワンンー

请　拨我　看看　菜单 チン　パッンゴ　クゥイクゥイ　ツェーデ	メニューを見せてください

“菜单”は料理のメニューのこと。もしお酒のメニューであれば、これを“酒单”（jieu^{2}de　ジューデ）に置き換えるだけでOKです。

特色个　菜 ダッサッガッ　ツェー	独自の料理

“特色”には「特徴ある、特別な」という意味を持ちます。レストランでは特によく出てくる言葉なので、覚えておいて損はありません。

招牌菜 ゾーバーツェ	お勧め料理

“特色”と同じようなケースで使われますが、この言葉の場合は「看板料理」の意味が強く、“特色菜”よりもより限定されたものを表します。

蛮有　特色 メーユゥ　ダッサッ	とても特徴がある

“蛮有”は「とても～がある」、“特色”は「特徴」。“蛮有气氛”（me^{1}hhieu qi^{2}ven　メーユー　チーフン）「とても雰囲気がよい」、“蛮有气派”（me^{1}hhieu qi^{2}pa　メーユー　チーパー）「とても気概がある」など、応用が利く言葉です。

勿欢喜　吃　辣个 ヴァッフゥイシー　チェッ　ラッガッ	辛いものは好きではない

形容詞の前に“勿”をつけると、打ち消しの意味になります。“吃辣”「辛いものを食べる」を“勿欢喜”「好きではない」と言っています。

趙：　すみません。メニューを見せてください。ゆきさん、何が食べたい？
ゆき：　このお店のおすすめがいいな。
趙：　おすすめ料理は何ですか？
店員：　魚料理が個性的です。例えば桂魚の唐辛子ソースとか、いしもちのスープなどですね。
趙：　彼女は辛いものが苦手だから、いしもちのスープをお願いします。

Track 72

いろいろな表現

請依　脱　阿拉
チンノン　タッ　アラ

点两只　菜　好哦？
ディーリャンザッ　ツェー　ホーヴァ

qin^{2}nong tak^{4} ak^{4}la
di^{2}liangzak ce^{2} hao^{2}vak

料理を２品お願いします。

勿晓得　伽　欢喜
ヴァッシャオダッ　ナー　フウイシー

吃　鱼　还是　吃　肉？
チェッンー　エーズ　チェッ　ニョ

vak^{5}xiaodak na^{3} hoe^{1}xi
qiek^{4} hhng^{3} hhe^{3}shi qiek^{4} niok^{5}

肉がいいですか、魚がいいですか？

格只　菜　拉拉　别个
ガッザッツェー　ラッラッビエガッ

地方是　吃勿着个。
ディーファンズ　チェッヴァザッガッ

ghak^{5}zak ce^{2} lak^{5}lak bhiek^{5}ghak
dhi^{3}fangshi qiek^{4}vakshakghak

この料理は他で食べられませんよ。

是哦，　葛末　阿拉　应该
ズーヴァッ　ガマッ　アラ　インゲー

多吃眼。
ドゥーチェッンゲ

shi^{3}vak gak^{4}mak ak^{4}la in^{1}ge
du^{1}qieknge

そうですか、ではたくさん食べなければ。

格爿　　店　拉拉 ガッベー　ディー　ラッラッ 石库门里向，　　　蛮有 サックーメン リーシャン　メーユゥ 上海　　特色个。 ザンヘー　ダッサッガッ	ghak⁵bhe di² lak⁵lak shak⁵kumenlixiang me¹hhieu shang³he dhak⁵sakghak この店は石庫門住宅の中にあって、とても上海らしい雰囲気です。
葛末 阿拉 进去　看看哦。 ガマッ　アラ　ジンチ　クゥイクゥイヴァ	gak⁴mak ak⁴la jin²qi koe²koevak じゃあ、入って中を見てみましょう。

哪能啦？侬　吃得　勿多。 ナヌンラ　ノン　チェッダ　ヴァドゥー	na³nenla nong³ qiek⁴dak vak⁵du どうしたの？　あまり食べてないですね。
辣个　　我　吃勿来个。 ラッガッ　ンゴー　チェッヴァレーガッ	lak⁵ghak ngo³ qiek⁴vakleghak 辛いものは食べられないんです。

bak⁴shak iek⁴ ◆ 81

会话

13

そんなに食べるの？

Track 73

侬胃口介好啊！

由纪： 格搭个 小笼馒头 是 顶顶 有 名个，
ghak^{5}dakghak xiao^{2}longmoedheu shi^3 din^{2}din hhieu^3 min^{3}ghak
ガッタッガッ ショーロンムゥートゥ ズ ディンディン ユゥ ミンガッ

是哦？
shi^{3}vak
ズーヴァ

小赵： 是个呀。 侬 吃 几笼？ 我 要 吃 两笼。
shi^{3}ghak'ia nong^3 qiek^4 ji^{2}long ngo^3 iao^2 qiek^4 liang^{3}long
ズーガヤ ノン チェッ ジーロン ンゴー ヨー チェッ リャンロン

由纪： 侬 胃口 介好啊！ 我 连得 一笼也
nong^3 hhue^{3}keu ga^{1}hao'a ngo^3 li^{3}dak iek^{4}longhha
ノン ウェークゥ ガーホーア ンゴー リーダッ イエッロンアー

吃勿脱。
qiek^{4}vaktak
チェッヴァッタッ

小赵： 哪能 会呢？ 一笼 呒没多少。 我 看侬
na^{3}nen hhue^{3}nak iek^{4}long hhm^{3}makdu^{1}sao ngo^3 koe^{2}nong
ナーヌン ヴェーナ イェッロン ンーマッドゥーソ ンゴー クゥイノン

起码 好吃 两笼。
qi^{2}mo hao^{2}qiek liang^{3}long
チーモー ホーチェッ リャンロン

ゆき： ここの店の小籠包ってとても有名なんでしょ？
趙： そうだよ。何セイロ食べる？ 僕は２セイロかな。
ゆき： そんなに食べるの？ 私、１セイロも食べられないよ。
趙： 1セイロって言ったってそんなに多くないよ。君の食欲だと2セイロは軽いんじゃないかな。

顶顶　　有名 ディンディン　ユゥミン	とても有名

レストランのみならず、「誰もが知っている程の有名な物や人」の場合、すべてこの表現が使えます。

侬　要　吃　几笼？ ノン　ヨー　チェッ　ジーロン	何セイロ食べる？

「何セイロ食べる？」は日本語としてはちょっと変な表現ですが、小籠包は人数単位ではなく、セイロ単位で注文するシステムになっています。

吃勿脱 チェッヴァッタッ	食べきれない

"～勿脱"は「～しきれない」です。この前に動詞"吃"を持ってくることで「～しきれない」という意味になります。

呒没多少 ンーマッドゥーソ	いくらもない

"呒没"は「ない」、"多少"は「いくつ」の意味ですので、単純にこの2つを合わせれば「いくらもない」になります。

いろいろな表現

Track 74

现在 上海 顶顶 イーゼ サンヘー ディンディン 有 名个 地方是 ユゥ ミンガッ ディーファンズ “新天地”。依 去过哦？ シンティーディ ノン チグゥヴァッ	hhi³she shang³he din²din hhieu³ min³ghak dhi³fangshi xin¹tidhi nong³ qi²guvak 今上海で一番有名なのは「新天地」ですけど、行ったことがありますか？
我 呒没 去过。 ンゴー ンマッ チグゥ	ngo³ hhm³mak qi²gu いいえ、行ったことがありません。

伽 吃眼 啥。 ナー チェッンゲー サー	na³ qiek⁴nge sa² 何を注文しますか？
请 拨 阿拉 两碗 馄饨。 チン パッ アラ リャンウイ ウンドゥン	qin² bak⁴ ak⁴la le³ liang³oe hhun³dhen ワンタンを２つください。

侬 连得 格个也 ノン リーダッ ガガア 勿晓得啊？ ヴァッショーダーア	nong³ li³dak ghak⁵ghakhha vak⁵xiaodak'a こんなことも知らなかったの？
是呀。我 最近 勿大 ズーヤ ンゴー ズゥイジン ヴァダー 看 电视个。 クゥイ ディーズーガッ	shi³ia ngo³ zoe²jhin vak⁵dha koe² dhi³shighak ええ。最近あまりテレビを見ないので。

听说　　依　买了
ティンサッ　ノン　マーラ

交关　　　物事，　是哦？
ジョーグェー　マッズー　ズーヴァ

啥人　　讲个？
サーニン　ガンガッ

呒没多少噢！
ンーマッドゥーソーオー

tin[1]sak nong[3] ma[3]lak

jiao[1]gue mak[5]shi shi[3]vak

最近買物をしまくっているそうですね。

sa[2]nin gang[2]ghak

hhm[3]makdusao'ao

誰に聞いたんですか？

たいした量じゃありませんよ。

会话

14

もっと冷えたビールをください

Track 75

拨我冰一眼个啤酒

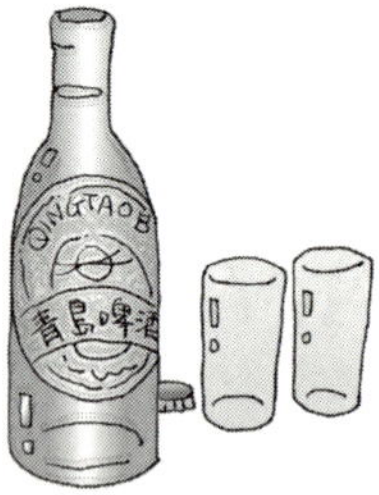

小赵： 依　会得　吃　老酒个　是哦？
nong^{3} hhue^{3}dak qiek^{4} lao^{3}jieughak shi^{3}vak
ノン　ヴェーダッ　チェッ　ロージューガッ　ズーヴァッ

阿拉　来眼　啤酒　哪能？
ak^{4}la le^{3}nge bhi^{3}jieu na^{3}nen
アラ　レーンゲ　ビージゥー　ナーヌン

由纪： 好个呀。不过　我　吃勿大来个，就　来　一瓶哦。
hao^{2}ghak'ia bak^{4}gu ngo^{3} qiek^{4}vakdhaleghak jhieu^{3} le^{3} iek^{4}bhinvak
ホーガッヤ　バッグゥ　ンゴ　チェヴァッダッレーガッ　ジュー　レー　イエッビンヴァ

小赵： 哎，小姐，格瓶　啤酒　勿冰个末！
e^{1} xiao^{2}jia ghak^{5}bhin bhi^{3}jieu vak^{5}binghakmak
エ　ショージャー　ガッビン　ビージュー　ヴァッビンガマ

脱我　调　冰一眼个。
tak^{4}ngo dhiao^{3} bin^{1}iekngeghak
タッンゴ　デイョー　ビンイエッンゲガ

服务员： 对勿起，　今朝　客人　多，来勿及　冰。
de^{2}vakqi jin^{1}zao kak^{4}nin du^{1} le^{3}vakjhiek bin^{1}
デーヴァッチー　チンズオ　カニン　ドゥ　レーヴァッジェ　ビン

格瓶　最冰个了。
ghak^{5}bhin zoe^{1}binghaklak
ガッビン　ズゥイビンガッラッ

小赵： 葛末　算了。就　拨我　格瓶哦。
gak^{4}mak soe^{2}lak jhieu^{3} bak^{4}ngo ghak^{5}bhinvak
ガッマッ　スゥイーラッ　ジュー　バッンゴ　ガッビンヴァ

来眼～ レーンゲ	ちょっと～する

“来”（le^3）は元々「来る」という意味ですが、「～をする」という意味も持っており、「食べる、飲む」という時にも使えます。

吃勿大来个 チェヴァッダッレーガッ	あまり食べられない（飲めない）

動詞“吃”（qiek^4）＋“勿大来”（vakdhale）で「あまり～できない」という意味になります。ちなみに上海語は「食べる」も「飲む」も“吃”です。

调　冰一眼个 デイョー　ビンイエッンゲガ	もう少し冷たいのと取り換える

“冰一眼个”（bin^{1}iekngeghak）「もう少し冷たいもの」とありますが、単に“冰个”（bin^{1}ghak）と言えば、少し強い語調になります。

勿好意思 ヴァッホーイース	すみません、申し訳ありません

日本語の「すみません」と同じくらい、広い意味を持つ言葉ですが、本当に「申し訳ない」ことを表す時には使われません。

葛末　算了 ガッマッ　スゥイーラッ	それならいいです

“算了”（soe^{2}lak）は「もういいや」といった感じの意味です。ここでは「それで妥協する」というニュアンスで使っていますが、例えば“葛我勿要了”（gak^4 ngo^3 vak^{5}iaolak ガッ　ンゴー　ヴァッヨー　ラ）「じゃあいらない」というように、拒絶の言葉になってもOKです。

趙：　お酒、飲めるでしょ？　ビールを頼まない？
ゆき：いいわよ。でもあんまり飲めないから、ビンにしましょ。
趙：　あれ？　このビール冷えてないや。もうちょっと冷えたのと取り換えてください。
店員：すみません。オーダーが多くて冷やすのが間に合わないんです。これでも一番冷えているのを持ってきたんですが。
趙：　じゃあ仕方ない。これでいいや。

いろいろな表現

脱我　　来眼　　花生米
タッンゴ　レーンゲ　ホォソンミー

好哦？
ホーヴァ

tak⁴ngo le³nge ho¹senmi hao²vak

ピーナッツをいただけますか？

好个。　请　　稍微
ホーガッ　チン　ソーウェー

等一歇。
デンイエッシェッ

hao²ghak qin² sao¹hhue den²iekxiek

はい。少々お待ちください。

伊　　老酒　　　瞎会吃。
イー　ロージュー　ハッウェイチェッ

hhi³ lao³jieu hak⁴hhueqie

彼、紹興酒ならいくらでもいけるみたいだよ。

是哦，　　怪勿到　　我
ズーヴァ　グアーヴァッド　ンゴ

从来　　 吭没　　 看到
ゾンレー　ンーマッ　クゥイドゥー

伊　　吃醉过。
イー　チェッズウイグゥ

shi³vak gua²vakdao ngo³ shong³le hhm³mak koe²dao hhi³ qiek⁴zoegu

そうなのか。道理で彼が酔ったところを見たことがないはずだ。

威士忌里向　　要　摆 ウェスチーリーシャン　ヨー　バー	ue^{1}sijilixiang iao^{2} ba^{2} bin^{1}kuevak
冰块哦？ ビンクゥエヴァ	ウイスキーに氷は入れますか？
勿要了。　就　格能 ヴァッヨーラッ　ジュー　ガッヌン	vak^{5}iaolak jhieu^{3} ghak^{5}nen ku^{2}ilak
可以了。 クーイーラッ	いいえ、このままでいいです。

小姐，　　买单。 ショージャー　マーデー	xiao^{2}jia ma^{3}de すみません、お勘定をお願いします。
勿好意思噢。　一共 ヴァッホーイースーオ　イェッゴン	vak^{5}haoisi'ao iek^{4}ghong seu^{1}nong bak^{4}bak lok^{5}shakkue
收侬　　八百　六十块。 ソゥーノン　バッバッ　ロッザックェ	恐れ入ります。860 元になります。

会话
15

上海語ではどう言うの？

Track 77

用上海闲话哪能讲？

由纪：	我	呒没	想到	普通话	脱	上海闲话
	ngo^3	hhm^{3}mak	xiang^{2}dao	pu^{2}tonghho	tak^4	shang^{3}hehhehho
	ンゴー	ンマッ	シャンドー	プートンオー	タッ	ザンヘーエーオー
	介勿一样！					
	ka^{1}vakiekhhiang					
	ガーヴァッイェヤン					

小赵：	就是呀。	勿仅仅是	发音	勿一样，	词汇
	jhieu^{3}shiia	vak^{5}jhinjhinshi	fak^{4}in	vak^{5}iekhhiang	shi^{3}hhue
	ジューズヤ	ヴァッジンジンズ	ファッイン	ヴァッイェヤン	ズーウェ
	也	勿一样。			
	hha^3	vak^{5}iekhhiang			
	アー	ヴァッイェヤン			

由纪：	比方讲	普通话个	“玩”，	用	上海闲话
	bi^{2}fanggang	put^{2}tonghhoghak	uang^2	hhiong^3	shang^{3}hehhehho
	ビーファンガン	プートンオーガッ	ワン	ヨン	ザンヘーエーオー
	哪能讲？				
	na^{3}nen’gang				
	ナヌンガン				

小赵：	叫	“白相”。
	jiao^2	bhak^{5}xiang
	ジョー	バッシャン

由纪：	格	赛过是	两种	语言末！
	ghak^5	se^{2}gushi	liang^{3}zong	ny^{3}imak
	ガッ	セーグーズー	リャンゾン	ニュウーイーマ

呒没　想到～ ンマッ　シャンドー	～とは思わなかった

“想到”は「～を思いつく、～と思っている」という意味ですので、打ち消しの“呒没”を前につけると「～とは思わなかった」となります。

勿仅仅是　　发音　　勿一样， ヴァッジンジンズ　ファッイン　ヴァッイエヤン 词汇　　也　　勿一样 ズーウェ　アー　ヴァッイエヤン	発音だけでなく、 語彙も違う

上海語の語彙には、古語がそのまま使われているものも複数あります。また、発音もかなり違うので、中国人同士でも言葉が通じないことが往々にしてあるのです。

用　　上海闲话　　哪能讲？ ヨン　サンヘーエーオー　ナヌンガン	上海語ではどう言いますか？

“哪能”＋動詞（“讲”）で「どう～しますか？」という意味になります。異国の地では見知らぬものに出会うケースも多いですから、ぜひ覚えておいてほしい言い回しです。

叫　　白相 ジョー　バッシャン	「バッシャン」と言います。

“叫”を省略して“白相”だけでも可ですが、“叫”をつけたほうがより丁寧です。

ゆき：　上海語と標準語ってこんなに違うとは思わなかったわ。
趙：　発音だけじゃなくて、語彙も違うからね。
ゆき：　ねえ、標準語の「ワン」（遊ぶ）って上海語ではどう言うの？
趙：　「バッシャン」だよ。
ゆき：　まるで違う国の言葉みたいね。

Track 78

いろいろな表現

哟！ 呒没　想到
ヨ　ンマッ　シャンドー

拉　格搭　碰着侬了。
ラッ　ガッタッ　バンザノンラ

iok^4 hhm^{3}mak xiang^{2}dao
lak^{5}ghak^{5}dak bhang^{3}shaknonglak

あれ！　こんなところで会うとは思わなかったよ。

我　天天　上下班　侪
ンゴー　ティーティー　サンオーベー　ゼー

经过　格搭个。
ジングゥ　ガッタッガッ

ngo^3 ti^{1}ti shang^{3}hhobe she^3
jin^{1}gu ghak^{5}dakghak

通勤の時には毎日通るよ。

格爿　店　总归
ガッベー　ディー　ゾングゥイ

有　人　拉　排队，
ユゥ　ニン　ラッ　バーデー

是　啥个　道理？
ズ　サガッ　ドリ

ghak^{5}bhe di^2 zong^{2}gue
hhieu^3 nin^3 lak^5 bha^{3}dhe
shi^3 sa^{2}ghak dhao^{3}li

この店、いつも行列ができてますが、なぜですか？

格爿　店　勿仅仅
ガッベー　ディー　ヴァジンジン

味道　邪气　好，　价钿也
ミードー　シャーチー　ホー　ガーディアー

邪气　便宜。
シャーチー　ビーニー

ghak^{5}bhe di^2 vak^{5}jhinjhin
mi^{3}dhao xhia^{3}qi hao^2 ka^{2}dhihha
xhia^{3}qi bhi^{3}ni

味がいいし、値段も安いんです。

格只　菜　哪能　烧法子？ ガッザッ　ツェー　ナーヌン　ソーファッズ	ghak^{5}zak ce^2 na^{3}nen sao^{1}fakzi この野菜はどう料理するんですか？
主要是　炒了吃，　也　可以 ズーヨーズ　ツォーラッチェッ　アー　クーイー 做汤吃。 ズゥータンチェッ	zi^{2}iaoshi cao^{2}lakqie hha^3 ku^{2}i zu^{2}tangqiek 大体炒め物ですが、スープにすることもあります。

伊　穷买了，　赛过 イー　ジョンマーラ　セーグゥ 勿要　钞票一样。 ヴァッヨー　ツォーピョーイエッヤン	hhi^3 jhiong^{3}malak se^{2}gu vak^{5}iao cao^{2}piaoiekhhiang 彼はまるで何かにとりつかれたように買い物をしている。

今朝　瞎热，　赛过 ジンズォ　ハッニエッ　セーグゥ 大热天 一样。 ドゥーニエッティイエッヤン	jin^{1}zao hak^{4}niek se^{2}gu dhu^{3}niektiiekhhiang 今日はまるで夏のように暑い。

会话
16

来週、うちに遊びに来て！

Track 79

下个礼拜天到阿拉屋里来白相

小赵： 下个　礼拜天　到　阿拉　屋里去　白相勿啦？
hho^{3}ghak　li^{3}bati　dao^{2}　ak^{4}la　ok^{4}liqi　bhak^{5}xiangvakla
オーガッ　リーバーティ　ドー　アラ　オッリーチー　バッシャンヴァラ

由纪： 好个呀！　不过　格天　上半日　我　有　别个
hao^{2}ghakia　bak^{4}gu　ghak^{5}ti　shang^{3}boe'niek　ngo^{3}　hhieu^{3}　bhiek^{5}ghak
ホーガッヤッ　バッグゥ　ガッティーサンブゥイーニェッンゴ　ユゥ　ベガッ

安排，　到　格天　我　再　告侬　联系　好哦？
oe^{1}bha　dao^{2}　ghak^{5}ti　ngo^{3}　ze^{1}　gao^{1}nong　li^{3}xi　hao^{2}vak
オゥイーバードー　ガッティーンゴー　ゼー　ゴーノン　リーシー　ホーヴァ

小赵： 呒没问题。　脱我　打　手机　也　可以，　用
hhm^{3}makvendhi　tak^{4}ngo　dang^{2}　seu^{2}ji　hha^{3}　ku^{2}i　hhiong^{3}
ンーマッヴァンディ　タッンゴ　ダン　セウジー　アー　クーイー　ヨン

拷机　拷我　也　可以。
kao^{1}ji　kao^{1}ngo　hha^{3}　ku^{2}i
コージー　コーンゴ　アー　クーイー

由纪： 葛末　就　拿　侬个　拷机　号头　写拨我，
gak^{4}mak　jhieu^{3}　ne^{1}　nong^{3}ghak　kao^{1}ji　hhao^{3}dheu　xia^{2}bakngo
ガッマッ　ジュー　ネー　ノンガッ　コージー　オードゥ　シャーパッンゴ

写拉　格本　簿子浪向。
xia^{2}lak　ghak^{5}ben　bhu^{3}zilangxiang
シャーラッ　ガッベン　ブーズーランシァン

趙：　来週、うちに遊びに来るっていうのはどう？
ゆき：　うれしい！　でも午前中は用事があるから、当日連絡するっていうのでもいい？
趙：　いいよ。僕の携帯かポケベルに連絡をちょうだい。
ゆき：　じゃあ、番号をこのノートに書いてね。

白相 バッシャン	遊ぶ

“白相”は「遊ぶ」という動詞ですが、「ちょっと遊ぶ」といった軽い気持ちを表す時には2つ重ね、「白相相」と言うこともあります。例：到外滩去白相相好哦（dao^2 nga^{3}teqi bhak^{5}xiangxiang hao^{2}vak　ドー　ンガテーチー　バッシャンシャン　ホーヴァ）「バンドへ遊びに行ましょう」

有　别个　安排 ユゥ　ベガッ オゥイーバー	別の用事がある

用事、スケジュールのことを“安排”と言います。例えば、“侬下半日有安排哦？”（nong^3 hho^{3}boeniek hhieu^3 oe^{1}bhavak　ノン　オーブゥイーニェッ　ユゥ　オゥバーヴァッ）「午後用事はありますか？」のように、他人のスケジュールを確認する時にもよく使いますので、覚えておきたい言葉です。

脱我　打　手机　也　可以， タッンゴ ダン　セウジー　アー　クーイー 用　拷机　拷我　也　可以 ヨン　コージー　コーンゴ　アー　クーイー	携帯電話かポケベルに連絡をください

2つの手段のうち、どちらでもいい時には“～也可以　～也可以”「～でもいいし、～でもいい」という言い方をします。「～」の部分には、手段が入ります。

写拨我 シャーパッンゴ	書いてください

“拨”は「～してください」という意味です。しばしば“脱”（tak^4 タッ）「私のかわりに～してください」と混同されますが、“脱”は、「自分でもできるけど、人にかわりにやってもらう時」などの場合に使います。ゆきさんは趙くんの連絡先がわからないので、この場合は“拨”になる、というわけです。

Track 80

いろいろな表現

有　空　请　来　白相。
ユゥ　コン　チン　レー　バッシャン

hhieu^3 kong^2 qin^2 le^3 bhak^{5}xiang

時間があるときに遊びに来てください。

谢谢侬，　我
シャージャーノン　ンゴ

一定　去。
イエッディン　チー

xhia^{3}xhianong ngo^3

iek^{4}dhin qi^2

ありがとうございます。また寄らせていただきます。

今朝　有啥　安排哦？
チンズオ　ユゥサー　オゥイーバーヴァ

jin^{1}zao hhieu^{3}sa oe^{1}bhavak

今日はどんなスケジュールですか？

上半日　到　火车站去
ザンブゥイーニェッ　ドー　ホォツォゼチー

买票，　下半日　到
マーピョ　オーブゥイニェッ　ドー

博物馆去　参观。
ボーヴァッグゥイチー　ツゥイーグゥイ

shang^{3}boeniek dao^2 hu^{2}cosheqi ma^{3}piao hho^{3}boeniek dao^2 bok^{4}vakgoeqi coe^{1}goe

午前中に駅に切符を買いに行って、午後は博物館です。

阿拉　安排　　啥人去
アラ　オゥイーバー　サーニンチー
参加　　　格只　　项目？
ツゥイーガー　ガッザッ　アンモッ

$ak^4la\ oe^1bha\ sa^2ninqi$
$coe^1ga\ ghak^5zak\ hhang^3mok$
誰をこのプロジェクトに参加させましようか？

小李去　　　也　　可以，
ショーリーチー　アー　　クーイー
小王去　　　也　　可以，
ショーワンチー　アー　クーイー
随便　　　　侬　　　安排哦。
スゥイービー　　ナー　　オゥイーバーヴァ

$xiao^2liqi\ hha^3\ ku^2i$
$xiao^2hhuangqi\ hha^3\ ku^2i$
$shoe^3bhi\ na^3\ oe^1bhavak$
李君でもいいし、王君でもいいですよ。

中文　　　我　　勿大　　　懂。
ゾンウェン　ンゴー　ヴァダー　　　ドン
请　　脱我　　　看看　　　是
チン　タッンゴー　クゥイクゥイ　　ズ
啥个　　　意思。
サーガッ　　イース

$zong^1ven\ ngo^3\ vak^5dha\ dong^2$
$qin^2\ tak^4ngo\ koe^2koe\ shi^3$
$sa^2ghak\ i^1si$
中国語はあまりわからないので、どんなことが書いてあるか見てください。

可以啊。　让我来　　　　看看
クーイーア　ニャンンゴーレー　クゥイクゥイ

$ku^2i'a\ \ niang^3ngole\ koe^2koe$
いいですよ。見せてください。

会话

17

母は定年退職しました

Track 81

阿拉娘已经退休了

由纪：

倗	屋里向	有	几个	人？
na^3	$ok^4lixiang$	$hhieu^3$	ji^2ghak	nin^3
ナー	オッリーシャン	ユゥ	ジーガ	ニン

小赵：

四个	人。	我	告	阿拉	爷娘，	还有	拉拉
si^2ghak	nin^3	ngo^3	gao^1	ak^4la	$hhia^3niang$	hhe^3hhieu	lak^5lak
スーガ	ニン	ンゴー	カォ	アッラ	ヤーニャー	エーユゥ	ラッラッ

读	高中个	阿弟。
$dhok^5$	$gao^1zongghak$	ak^4dhi
ドッ	ゴーゾンガッ	アッディ

由纪：

葛末	白天	屋里向	呒没	人啊？
gak^4mak	$bhak^5ti$	$ok^4lixiang$	hhm^3mak	nin^3a
ガマッ	バティ	オッリーシャン	ンマッ	ニンア

小赵：

有个，	阿拉	娘	已经	退休了，	伊	每天	拉
$hhieu^3ghak$	ak^4la	$niang^3$	i^2jin	$te^2xieulak$	hhi^3	me^1ti	lak^5
ユゥガッ	アッラ	ニャン	イジン	テーシウラッ	イー	メーティー	ラッ

屋里个。
$ok^4lighak$
オッリーガッ

ゆき：　ご家族は何人なの？
趙：　　４人だよ。僕と父母、それから高校生の弟。
ゆき：　じゃあ、昼間は誰も家にいないのね。
趙：　　いや、母はもう定年退職したから家にいるよ。

阿弟 アッディ	弟

親しい間柄の場合、名前や２人称の前に“阿”(ak⁴　アッ）をつけることがあります。日本語の「ちゃん」に近いのですが、大人同士で使えるところがポイントです。

冇没　人 ンマッ　ニン	いない

打ち消しの“冇没”＋ 名詞（人）で、そのものが存在しないことを表しますが、名詞の部分を動詞に替えることで、「～をしていない」という意味になります。

已经～了 イジン　ラッ	すでに～している

“已经”のみでは「すでに」の意味ですが、“了”と組み合わせることで、完了形となります。

いろいろな表現

Track 82

阿王　　到　　啥地方去了？
アッワン　ドー　サーディーファンチラ

伊　上班去了。
イー　サンベーチーラ

ak^{4}hhuang dao^2 sa^{2}dhifangqilak
王さんはどこに行きましたか？

hhi^3 shang^{3}beqilak
仕事に行きました。

看　　样子　侬　老
クゥイ　ヤンズ　ノン　ロー

沙度个。
サードゥガッ

koe^2 hhiang^{3}zi nong^3 lao^3
sa^{1}dhughak
とても疲れてるみたい。

工作　忒　忙了，　今朝
ゴンズオ　タッ　マンラ　ジンゾー

还　呒没　吃过　　饭。
エー　ンマッ　チェッグゥー　ヴェー

饿煞我了！
ングサッンゴーラッ

gong^{1}zok tak^4 mang^{3}lak jin^{1}zao
hhe^3 hhm^{3}mak qiek^{4}gu ve^3
ngu^{3}sakngolak
仕事が忙しくて、ご飯も食べてないんだ。腹減ったよ。

老刘　　来了哦？
ローリュー　レーラッヴァ

伊　还　呒没　来。
イー　エー　ンーマッ　レー

lao^{3}lieu le^{3}lakvak
劉さんは来ましたか？

hhi^3 hhe^3 hhm^{3}mak le^3
まだ来てません。

已经　　九点多了， イジン　ジューディードゥーラッ 好　回去咪。 ホー　ウェーチーレ	i^2jin jieu^{2}didulak hao^2 hhue^{3}qile もう9時過ぎました。帰ります。
还　早咪。依　再 エー　ゾーレ　ノン　ゼー 坐脱一歇。 ズウタッイエッシエッ	hhe^3 zao^{2}le nong^3 ze^1 shu^{3}takiekxiek まだ早いじゃないですか。もう少しいらっしゃれば。

老後の中国人

中国の老人を見ていると、日本の老人よりも余生を楽しんでいるな、と思うのは私だけでしょうか？　とにかく中国には、老人が楽しめる「遊び」がたくさんあるように思えます。

一番目につきやすいのは、朝の公園での運動でしょう。足を踏み入れると、思い思いに体を動かす集団が目に入ります。太極拳や気功は、体の動きを見ていればそれとわかりますが、自己流健康法なのか、意味不明の動きをしている人も少なくありません。また、柔軟体操をしているおばあさんの体の柔らかさといったら。彼女よりも四半世紀以上若い我が身を思わず反省してしまいます。鳥カゴを持ち寄り、鳴きあわせをしている集団、京劇をうなる集団、いずれも老人の天下です。

家に帰ると、趣味の時間が待っています。老人活動室では将棋に始まり、季節モノの水仙の球根削りまで、さまざまな催しを用意しています。私の友人の両親は、点心の新作づくりに夫婦そろって熱中していました。仕事をリタイアし、有り余る時間を楽しむ術を持っている彼らの姿勢、私たち日本人も大いに見習うべきではないでしょうか。

Track 83

風邪のようです

像煞感冒了

医生：依 阿里搭 勿适意？
nong³ hha³litak vak⁵saki
ノン アリタッ ヴァッサッイー

由纪：我 喉咙痛， 浑身 有眼 发 冷。
ngo³ hheu³longtong hhun³sen hhieu³nge fak⁴ lang³
ンゴー オゥーロントン ウンセン ユゥンゲ ファッ ラン

像煞 感冒了。
xhiang³sak goe²maolak
シャンサッ グゥイモーラ

医生：喉咙 有眼 发 红， 嗯， 是 感冒了。 我
hheu³long hhieu³nge fak⁴ hhong³ ng¹ shi³ goe²maolak ngo³
ウーロン ユゥンゲ ファッ オン ン ズー グゥイモーラ ンゴー

拨侬 开眼 药。
bak⁴nong ke¹nge hhiak⁵
パッノン ケーンゲ ヤッ

由纪：谢谢！ 医生， 我 要 注意眼 啥？
xhia³xhia i¹sang ngo³ iao² zi²i'nge sa²
シャジャ イーサン ンゴー ヨー ズーイーンゲ サー

医生：依 要 多吃眼 开水， 格两天 要 多
nong³ iao² du¹qieknge ke¹si ghak⁵liangti iao² du¹
ノン ヨー ドゥチェッンゲ ケース ガッリャンティ ヨー ドゥ

休息休息， 勿要 乱跑。
xieu¹xiekxieuxiek vak⁵iao loe³bhao
シウシェッシウシェッ ヴァッヨー リゥイボー

勿适意 ヴァッサッイー	具合が悪い、気分が悪い

身体的な調子の悪さ以外に、「見栄えが悪い」などの視覚的、感覚的な印象の悪さにも用いられます。

喉咙痛，　渾身　有眼 オゥーロントン ウンセン　ユゥンゲ 发　冷 ファッ　ラン	のどが痛くて、少し寒けがします

体の不調を訴える他の言葉として、“肚皮痛”（dhu³bhitong　ドウピ　トン）「おなかが痛い」、“头昏”（dheu³ hun¹　ドウ　フン）「めまいがする」、“有寒热”（hhieu³ hhoe³niek　ユウ　フゥイニェツ）「熱がある」などの基本語句を覚えておきましょう。

开眼　药 ケーンゲ　ヤッ	薬を出す

“开”は「開く」ですが、“药”「薬」と組み合わせることで、「薬を出す」という意味になります。

勿要　乱跑 ヴァッヨー　リゥイボー	外出を控える

“乱”＋動詞（“跑”）で、「やたらと～する」という意味になります。ここでは「外に出過ぎないように＝外出を控える」ということから、打ち消しの“勿要”を前につけています。

医者：どんな症状ですか？
ゆき：のどが痛くて、ちょっと寒けがするんです。風邪のようですが。
医者：のどが赤いですね。風邪でしょう。薬を出しますので。
ゆき：ありがとうございます。何か気をつけることはありますか？
医者：水分をたくさん取って、数日外出は控えるようにしてください。

Track 84

いろいろな表現

格条　　　裤子　穿起来
ガッディヨー　クーズ　ツゥイチレ

勿适意，　　老　紧个。
ヴァッサッイー　ロー　ジンガッ

ghak^{5}dhiao ku^{1}zi coe^{1}qile
vak^{5}saki lao^3 jin^{2}ghak

このズボン、きつくて履き心地が悪いです。

侬　大概　　发　胖了。
ノン　ダーゲー　ファッ　パンラ

再　买　　大眼个哦。
ゼー　マー　ドゥーンゲーガヴァッ

nong^3 dha^{3}ge fak^4 pang^{2}lak
ze^1 ma^3 dhu^{3}ngeghakvak

多分太ったんでしょう。大きめのを買ったらどうですか。

昨日　　　夜到　着　冷了，
ゾーニェッ　ヤーダオ　ザ　ランラッ

现在　　身浪　　觉着
イーゼー　センラン　ゴッザッ

有眼　　发　冷。
ユーンゲ　ファッ　ラン

sho^{3}niek hhia^{3}dao shak^5 lang^{3}lak
hhi^{3}she sen^{1}lang gok^{4}shak
hhieu^{3}nge fak^4 lang^3

昨晩冷えたようで、寒けがします。

哟，有　　　寒热，
ヨ　ユゥ　　ウゥイニェツ

38 度　　　1。
セーザバッドゥ イエッ

iok^4 hhieu^3 hhoe^{3}niek
se^{1}shak bak^{4}dhu iek^4

38 度 1 分も熱がありますよ。

医生，请　脱我　开只 イーサン　チン　タッンゴ　ケーザッ 方子。 ファンズ	i¹sang qin² tak⁴ngo ke¹zak fang¹zi 先生、処方せんを出してください。
好个。　格只　药 ホーガッ　ガッザッ　ヤッ 一天　吃　三趟，每趟 イェッテイ　チェッ　セータン　メータン 一粒。　要　饭后吃。 イェッリエッ　ヨー　ヴェーオゥチェッ	hao²ghak ghak⁵zak hhiak⁵ iek⁴ti qiek⁴ se¹tang me¹tang iek⁴liek iao² ve³hheuqiek はい。この薬は１日３回、１回１錠を食後に飲んでください。

到了　外滩　要　集体 ドーラ　ンガーテー　ヨー　ジェッティー 行动，一家头 インドン　イッガードゥ 勿要　乱跑。 ヴァッヨー　リゥイボー	dao²lak nga³te iao² jhiek⁵ti hhin³dhong iek⁴kadeu vak⁵iao loe³bhao バンドでは団体行動なので、勝手に出歩かないでください。
晓得了。 ショタッラ	xiao²daklak わかりました。

会话

19

Track 85

パスポートがない！

护照勿见脱了！

由纪：啊呀，倒霉，我个 护照 勿见脱了！
a1ia dao2 me3 ngo3ghak hhu3zao vak5jitaklak
アイヤ ドー メイ ンゴガッ ウーゾー ヴァッジータラッ

小赵：侬 勿要 急，包里 伢 寻过哦？
nong3 vak5iao jiek4 bao1li she3 xhin3guvak
ノン ヴァッヨー ジェッ ボーリー ゼー シングゥヴァ

由纪：统统 寻过了。好像 落脱了。
tong1tong xhin3gulak hao2xhiang lok5taklak
トントン シングゥーラッ ホーシアン ロッタッラッ

小赵：葛末 阿拉 豪扫 到 公安局去 报失，
gak4mak ak4la hhao3sao dao2 gong1oejhiokqi bao2sak
ガマッ アラ オーソー ドー ゴンウゥイージョチ ボーサッ

然后 再 脱 领事馆 联系。
shoe3hheu ze1 tak4 lin3shigoe li3xi
ズゥイーオゥゼー タッ リンズグゥイー リーシー

ゆき：大変。パスポートがない！
趙：焦らないで。かばんはちゃんと探した？
ゆき：探したわ。どこかで落としたみたい。
趙：すぐ公安局に行こう。領事館にも連絡しなきゃ。

倒　霉	大変！　しまった！
ドーメイ	

困った時に使う感嘆詞です。同義語には"苦了"（ku²lak　クーラッ）、"讨厌了"（tao²ilak　タォイーラッ）があり、使うケースもほとんど同じです。

侬　勿要　急	焦らないで
ノン　ヴァッヨー　ジェッ	

「焦る」は"急"、これを打ち消す言葉として"勿要"「〜する必要がない」が使われます。

统统　寻过了	全部探しました
トントン　シングゥーラッ	

「すべて〜した」は"统统"です。また、「探した」と言うふうに動作の過去形を表す時は動詞（"寻"「探す」）＋"过"と覚えておきましょう。

豪扫　到〜再〜	すぐ〜に行って、それから〜をする
オーソー　ドー　ゼー	

"豪扫到〜再〜"は「すぐに〜をして、それから〜をする」という構文ですが、状況が緊迫していず、単にものごとの順番を言うだけなら"先〜再〜"（xi¹〜ze¹〜）「まず〜してから〜をする」となります。

いろいろな表現

Track 86

苦了，　我个　照相机
クーラッ　ンゴーガッ　ゾォーシャンジー

寻勿着了！
シンヴァッザッラッ

ku^{2}lak ngo^{3}ghak zao^{2}xiangji xhin^{3}vakshaklak

大変だ、カメラがなくなった！

侬　勿要　急，　慢慢叫
ノン　ヴァヨー　ジェッ　メーメージョー

寻，　总归　寻得到个。
シン　ゾングゥエ　シンダッドーガッ

nong^{3} vak^{5}iao jiek^{4} me^{3}mejiao xhin^{3} zong^{2}gue xhin^{3}dakdaoghak

焦らないでゆっくり探しましょう。きっと見つかります。

倒　霉，　我个　皮夹子
ドー　メイ　ンゴーガッ　ビーガッツ

冲脱了！
ツォンタッラッ

dao^{2} me^{3} ngo^{3}ghak bhi^{3}gakzi cong^{2}taklak

しまった、かばんを盗まれた！

真个啊？！　侬　运道
ズンガッア　ノン　ユィンドー

真　勿好。　里向　有得
ゼン　ヴァッホー　リシャン　ユゥタッ

重要个　物事哦？
ゾンヨーガッ　マズヴァ

zen^{1}ghak'a nong^{3} hhyn^{3}dhao zen^{1} vak^{5}hao li^{3}xiang hhieu^{3}dak shong^{3}iaoghak mak^{5}shivak

本当に？！　全くついてないね。中に大事なものは入ってた？

办公室个　　人　统统 ベーゴンサッガッ　ニン　トントン 回去了。依　明朝 ウェチーラ　ノン　ミンツォー 再　来　好哦！ ゼー　レー　ホーヴァ	bhe^{3}gongsakghak nin^{3} tong^{1}tong hhue^{3}qilak nong^{3} min^{3}zao ze^{1} le^{3} hao^{2}vak 事務所の人間はすべて帰ってしまいました。明日いらしてください。
好个。我　明朝 ホーガッ　ンゴー　ミンゾー 上半日　　再　来。 サンブゥイーニェッ　ゼー　レー	hao^{2}ghak ngo^{3} min^{3}zao shang^{3}boeniek ze^{1} le^{3} わかりました。では明日の午前中に参ります。

虽然　　我个　毛病 ソウイーゼー　ンゴーガッ　モービン 好得　　差勿多了，　但是 ホーダッ　ツォーヴァッドゥーラ　デーズ 像煞　　体力　　还　呒没 シャンサッ　ティーリェッ　エー　ンーマッ 完全　恢复。 ウゥジゥ　ホエフォッ	soe^{1}shoe ngo^{3}ghak mao^{3}bhin hao^{2}dak co^{1}vakdulak dhe^{3}shi xhiang^{3}sak ti^{2}liek hhe^{3} hhm^{3}mak hhoe^{3}jhy hue^{1}vok 病気はほとんどよくなったけど、体力がまだ回復していないようです。
葛末　侬　先　吃眼 ガマッ　ノン　シー　チェッンゲー 药，　再　　困脱一歇。 ヤッ　ゼー　クンタッイエッシエッ	gak^{4}mak nong^{3} xi^{1} qiek^{4}nge hhiak^{5} ze^{1} kun^{2}takiekxiek では、まず薬を飲んでから少しお休みになってください。

会话
20

Track 87

これを趙さんに渡してください

麻烦侬拿格只物事交拨小赵好哦？

由纪：麻烦侬 拿 格只 物事 交拨 小赵 好哦？
mo^{3}ve'nong ne^1 ghak^{5}zak mak^{5}shi gao^{1}bak xiao^{2}shao hao^{2}vak
モーヴェーノン ネ ガッツァッ マズ ゴーバッ ショーゾー ホーヴァ

父亲：明君 伊 马上 就要 转来了。
min^{3}jyn hhi^3 mo^{3}shang jhieu^{3}iao zoe^{2}lelak
ミンジュン イー モーザン ジューヨー ズゥーレーラ

侬 进来 坐脱一歇。
nong^3 jin^{2}le shu^{3}takiekxiek
ノン ジンレ スゥタッイエッシエッ

由纪：勿好意思， 我 另外 还有眼 事体，
vak^{5}haoisi ngo^3 lin^{3}nga hhe^{3}hhieu'nge shi^{3}ti
ヴァッホーイース ンゴー リンガー エーユゥンゲー ズーティ

格歇 就要 跑个。
ghak^{5}xiek jhieu^{3}iao bhao^{3}ghak
ガッシエッ ジューヨー ボーガッ

父亲：葛末 好个呀， 侬 放心好唻，
gak^{4}mak hao^{2}ghakia nong^3 fang^{2}xinhaole
ガマッ ホーガヤッ ノン ファンシンホーレ

我 一定 代侬 交拨伊。
ngo^3 iek^{4}dhin dhe^{3}nong gao^{1}bakhhi
ンゴー イエッディン デーノン ゴーバッイー

ゆき： すみません。この本を趙さんに渡してください。
父： 息子はもうすぐ戻って来るから、中でお待ちなさい。
ゆき： すみません、用事があるのですぐに出なければいけないんです。
父： そうかね、じゃあまかせておくれ。渡しておくよ。

麻烦侬 モーヴェーノン	恐れ入ります

“麻烦”には「面倒」という意味があります。人に何かを頼む時、「ご面倒ですが」の意味を込めて使う言葉です。

马上就～ モーザンジュー	すぐ～する

“马上”単体でも「すぐ」という意味がありますが、“就”と組み合わせることで、強調することができます。

我　　另外　还有眼　　事体 ンゴー　リンガー　エーユゥンゲー　ズーティ	他に用事があります

所用がある時の謝辞の言葉としては定型なので、覚えておきましょう。“另外”は「他に」、“还有”は「まだ～がある」、“事体”は「用事」です。

侬　　放心　好咪 ノン　ファンシン　ホーレ	安心してください

何か頼まれ事をした時に「まかせてください」の意味を込めて使います。また、何かよくないことが起きた時など、相手を安心させるためにも使います。

Track 88

いろいろな表現

先生，　麻烦侬　签个　字。 シーサン　モーヴェーノン　チーガッ ズー	xi¹sang mo³ve'nong qi¹ghak shi³ 恐れ入ります、サインをお願いします。
好个。　写拉　格搭　是哦？ ホーガッ　シャーラッ　ガッタッ ズーヴァ	hao²ghak xia²lak ghak⁵dak shi³vak はい、ここでいいですか？

哟，天　突然　暗下来了。 ヨ　ティー ドッズゥイー ウゥイーオーレーラ	iok⁴ ti¹ dhok⁵shoe oe²hholelak おや、空があっという間に真っ黒だ。
马上　就要 モーザン　ジューヨー 落　雨了，　带把　洋伞去。 ロッ　ユィーラ　ダーボー　ヤンセーチー	mo³shang jhieu³iao lok⁵ hhy³lak da²bo hhiang³seqi もうすぐ雨が降ってきますよ。 傘をお持ちなさい。

侬　明朝　下半日 ノン　ミンツォー　オーブゥイーニェッ 有　空哦？ ユゥー　コンヴァ	nong³ min³zao hho³boe'niek hhieu³ kong²vak 明日の午後は空いてますか？
对勿起，　下半日 デーヴァッチー　オーブゥイーニェッ 呒没空，　我　已经 ンマッコン　ンゴー　イジン 脱　别人　约好了。 タッ　ベニン　ヤッホーラッ	de²vakqi hho³boe'niek hhm³mak kong² ngo³ i²jin tak⁴ bhiek⁵nin iak⁴haolak ごめんなさい。他の人と約束があるので、空いてません。

格个　　事体　要是　拨
ガッガッ　ズーティ　ヨーズ　バッ

別人　晓得了
ベニン　ショウダッラッ

哪能　办？
ナーヌン　ベー

$ghak^5ghak\ shi^3ti\ iao^2shi\ bak^4$

$bhiek^5nin\ xiao^2daklak$

$na^3nen\ bhe^3$

このことが他人にばれたらどう

しよう。

侬　　放心好了，　我
ノン　　ファンシンホーラ　ンゴー

勿会　　　讲出去个。
ヴァッウェー　ガンツァッチーガッ

$nong^3\ fang^2xinhaolak\ ngo^3$

$vak^5hhue\ gang^2cakqighak$

安心して。決して誰にも言わないから。

文法編

1　上海語の基本語順

上海語の基本的な語順はsvo、つまり「主語＋動詞＋目的語」が大半です。また、「～を」を表す目的語を動詞の後ろに置くのが、日本語との最も大きな違いです。

我　学　上海闲话。　　私は上海語を勉強します。

2　上海語の基本文型

2－1　動詞述語文

述語に動詞を用い、「主語＋動詞」で形成される文型を動詞述語文といいます。

阿拉　吃　大闸蟹。　　私たちは上海ガニを食べます。

また、動詞の否定には否定副詞“勿”（vak[5]）と“呒没”（hhm[3]mak）の２つがあります。

“勿”：主観的な意志・習慣の否定「～しません・しませんでした」

伊　勿吃　香烟。　　彼はタバコを吸いません。

“呒没”：客観的な事実の否定「～しませんでした・していません」

伊　呒没　吃香烟。

彼はタバコを吸いませんでした・吸っていませんでした。

2－2　形容詞述語文

述語が形容詞で、「主語＋形容詞」で形成される文型を形容詞述語文といいます。

今朝　交关　热。　　今日はとても暑いです。

また、形容詞を否定するには、通常その前に否定副詞“勿”を置きます。

学堂　勿大。　　学校は大きくありません。

2－3　名詞述語文

述語が名詞（句）で、「主語＋名詞（句）」で形成される文型を名詞述語文といいます。

伊　上海人。　　　　彼は上海の出身です。

また、名詞を否定するには、動詞“是”を使う必要があり、“勿＋是”を名詞の前につけ加えます。

伊　勿是　上海人。　　　　彼は上海の出身ではありません。

2－4　主述述語文

「象は鼻が長い」のように、述語のなかに更に主語と述語があり、「大主語＋述語（小主語＋小述語）」で形成される文型を主述述語文といいます。

我　头　痛。　　　　私は頭が痛い。

3　代詞

3－1　人称代詞

	1人称	2人称	3人称
単数	我（ngo^3） 私	侬（$nong^3$） あなた	伊（hhi^3） 彼・彼女
複数	阿拉（ak^4la） 私たち	倻（na^3） あなたたち	伊拉（hhi^3la） 彼ら・彼女ら

＊“我”を ngu^3 と発音する人もいますが、昔風の発音です。

3－2　指示代詞

	近称	遠称
人・物	格（$ghak^5$）これ・それ	哀（e^1）/ 伊（i^1）それ・あれ
場所	格搭（$ghak^5dak$）ここ	哀面（e^1mi）/ 伊面（i^1mi）そこ・あそこ
方法・性質	格能（$ghak^5nen$） このように・こんなに	哀能（e^1nen）/ 伊能（i^1nen） そのように・あのように

格　是啥？	これは何ですか？
格搭　呒没物事。	ここには（ものが）ありません。
格能贵啊！	そんなに高いのですか！

4　動詞

4－1　“是”（shi³）と“有”（hhieu³）

“是”は判断・主張を表す動詞で、否定形は“勿是”（vak⁵shi）です。

我　是　日本人。	私は日本人です。
伊拉　勿是　上海人。	彼らは上海の出身ではありません。

“有”は所有を表す動詞で、否定形は“呒没”（hhm³mak）です。

我　有　一百块。	私は100元を持っています。
伊　呒没　钞票。	彼はお金を持っていません。

4－2　“拉”（lak⁵）と“有”（hhieu³）

“拉”「～は～にある・いる」は所在を表す動詞で、否定形は“勿拉”（vak⁵lak）です。また、“拉”は“拉拉”（lak⁵lak）、“拉海”（lak⁵he）といわれることもあります。

伊　拉（拉）　上海。	彼は上海にいます。
健身房　勿拉　哀面。	スポーツジムはそこにはありません。

“有”「～には～がある・いる」も存在を表す動詞です。その否定は“呒没”です。

上海　有　地铁。	上海は地下鉄があります。
屋里　呒没　人。	家には人が誰もいません。

4－3　動詞の重ね型

同じ動詞を２つ重ねて用いると、その動作をソフト口調で表現することになります。「ちょっと～する」

我　去　看看。	ちょっと見てきます。

また、その動作を「試しに～してみる」というような時にも使います。その場合、重ねる動詞か目的語の後に“看”をつけることもできます。

侬　尝尝　味道看。　ちょっと味見してみてください。

4－4　二重目的語

「あげる」「もらう」という意味を表す動詞は、二重目的語をつけることができ、その場合は「間接目的語（誰々に）＋直接目的語（何々を）」の語順で並びます。

伊　教　阿拉　上海闲话。　彼女は私たちに上海語を教えます。

5　形容詞

5－1　形容詞の重ね型

同じ形容詞を2つ重ねて用いると、表す程度の高さを肯定で強調します。

伊　人　长长个。　彼は背が結構高い。

5－2　形容詞の接尾辞

上海語では、形容詞の後におまけとしてついている接尾辞を比較的よく使います。また、心理・生理動詞の後ろにも接尾辞を伴うことがあります。

①“叫”(jiao)：単音節形容詞の重ね型の後ろに付加され、多くは命令文に用いられます。

侬　慢慢叫吃。　ゆっくり召し上がってください。

②“兮兮”(xixi)：形容詞と心理生理動詞の後ろに付加され、程度を軽減する働きがあります。

颜色　红兮兮个。　色は淡い赤です。

③“来西”(lexi)：形容詞の後に付加され、ある程度を肯定する働きをします。

快来西个，勿要　急！　もうすぐだから、焦らないで。

④“煞”（sak）：形容詞と心理生理動詞の後に付加され、程度が大きいことを表します。

格两天　忙煞我了！　　　ここ数日、忙しくてたまらない。

6　名詞

6－1　時間詞

①年月日の言い方

年号：　数字単体で読み、桁は省略されます。

2003年（liang³lin lin³se'ni）

月・日：　話し言葉では“～月”（hhyek⁵）“～号”（hhao³）で、後は日本語と同じ要領です。尋ねる時は“几”（ji²）を使い、「何月何日」は“几月几号”（ji²hhyek ji²hhao）といいます。

その他、「年月日」と関係がある時間詞をあげておきます。

今年（jin¹ni）今年　　去年（qy²ni）去年　　明年（min³ni）来年

今朝（jin¹zao）今日　　昨日（sho³niek）昨日　　明朝（min³zao）明日

早浪（向）（zao²lang(xiang)）朝　　上半日（shang³boe'niek）午前

中浪（向）（zong¹lang(xiang)）正午　　下半日（hho³boe'niek）午後

夜里向（hhia³lixiang）／夜头（hhia³dheu）／夜到（hhia³dao）夜

②曜日の言い方

曜日“礼拜”（li³ba）の後に数字をつけ、“礼拜一”（li³ba iek⁴）「月曜日」～“礼拜六”（li³ba lok⁵）「土曜日」といいますが、日曜日だけは“礼拜天”（li³bati）または“礼拜日”（li³ba niek⁵）といいます。「何曜日」と尋ねる時は“礼拜几”（li³ba ji²）といいます。

③時刻の言い方

時刻は「～時」を“点”（di²）で、「～分」を“分”（fen¹）で、「四分の一時間」を“刻”（kak⁴）で表します。後は日本語と同じ要領で「数詞＋量詞」の形で表します。

2：00	二点（钟）(liang³di (zong))
5：22	五点　二十二分（hhng³di nie³nifen）
6：15	六点　一刻 / 六点　十五分 (lok⁵di ik⁴kak / lok⁵di shak⁵hhngfen)

また「～分」が10分未満の時は"零"（lin³）を入れて"一点零一分"（iek⁴di lin³ iek⁴fen）といいます。

3：02　　三点　零　两分（se¹di lin³ liang³fen）

「何時（何分）」と尋ねる時は"几点（钟）"（ji²di(zong)）といいます。

6－2　方位詞

方角や場所などを表す特別な名詞を方位詞といいます。

①単純方位詞

上（shang³）/ 浪（lang）	上	下（hho³）	下
前（xhi³）	前	后（hheu³）	後
里（li³）	中	外（nga³）	外
左（zu²）	左	右（hhieu³）	右

台子浪　有　啤酒哦？　テーブルの上にはビールがありますか？

②複合方位詞

方向の後に接尾辞"面"（mi）、"头"（dheu）などをつけるものを複合方位詞といいます。

～面	上面	下面	前面	后面	里面	外面	左面	右面
～头	上头 うえ	下头 した	前头 まえ	后头 うしろ	里头 なか	外头 そと	 ひだり	 みぎ

上头 有　两个　人。　　上に二人います。

左面个　超市　比较　大。　　左側のスーパーマーケットが割と大きいです。

7　数詞

上海語の数詞の言い方は日本語と同じく十進法です。

①数詞１から 99 まで

１から 99 までの数の言い方は、20 ～ 29 を除いて日本語と同じ要領です。

一（iek^4）	七（qiek^4）	⋮
二（liang^3）／（ni^3）	八（bak^4）	二十（nie^3）
三（se^1）	九（jieu^2）	二十一（nie^{3}iek）
四（si^2）	十（shak^5）	二十二（nie^{3}ni）
五（hhng^3）	十一（shak^{5}iek）	⋮
六（lok^5）	十二（shak^{5}ni）	九十　九（jieu^{2}shak jieu^2）

②100 以上

100 以上は次のように数えます。

・位数「百・千・万・億」を読む時、その前に“一”（iek^4）をつけて、“一百”（iek^{4}bak）、“一千”（iek^{4}qi）、“一万”（iek^{4}ve）、“一亿”（iek^{4}i）といいます。

・「1001」のように数字の間に「0」があり、日本語で「とんで○○」というような場合には１つだけ“零”を入れ、“一千　零　一”（iek^{4}qi lin^3 iek^4）といいます。

③概数（おおよその数）の言い方

・“几”（ji^2）：10 以下の数で、いくつかはっきりしないものを表します。

　　买了　十几只。（ma^{3}lak shak^{5}jizak）　十数個買いました。

・“多”（du^1）：数量詞また端数のない数の後に置き、数がそれより多いことを表します。

　　一个多　月（iek^{4}ghakdu hhyek^5）　　一カ月余り

④金額の言い方

通貨の基本単位は“元”（hhy^3）を使い、口語は“块”（kue^2）を使います。その他、書き言葉と口語の区別がない“角”(gok⁴)、“分”(fen¹)があります。また、金額の最後に“洋钿”(hhiang³dhi) をつけていうこともありますし、一番下のケタの単位は省略も可能です。

店頭の値段表示	口語での言い方
2.00元	两块(洋钿)
3.06元	三块　零　六分
15.30元	十五块　三角＝十五块　三

8　量詞

8－1　名量詞

人・事物の量を計る時に使う単位を名量詞といいます。

①常用名量詞

最も広く使用される名量詞は“只”(zak⁴) です。例えば、“一只狗”「犬1匹」、“一只飞机”「飛行機1機」、“一只教室”「1つの教室」などです。以下はよく使われる量詞です。

爿 (bhe³)	工場・商店など	一爿商店	一軒の店
幢 (shang³)	建物	一幢房子	家ひと棟
部 (bhu³)	機械や車両など	一部车子	自動車1台
桩 (zang¹)	事柄を数える	一桩事体	1つのこと
个 (ghak⁵)	人・時間など	一个人	1人

他には長さと重さの単位を表す量詞があります。

公里(gong¹li)	1キロメートル	公尺(gong¹cak)/米(mi³)	1メートル
厘米(li³mi)	1センチメートル		
公斤(gong¹jin)	1キログラム	克(kak⁴)	1グラム
斤　(jin¹)	500グラム	两(liang³)	50グラム

②不定名量詞

不定名量詞は、「具体的数字ははっきりしないけれども少量」という時に用いられます。例えば“点（点）”（di(di)）“眼（眼）”（hhnge(hhnge)）などがそれにあたります。前につく数詞は“一”のみで、重ね型をとると分量が少ないことを強調する意味になります。

一点 风　少しの風　　一眼眼 心意　ほんの気持ち

8－2　動量詞と回数補語

動作が行われる回数を表す単位を動量詞といいます。

①常用動量詞

趟（tang²）：往復する回数

次（ci²）：回・度

顿（den²）：食事回数、叱責の回数

记（ji²）：打つ、叩く動作の回数

②回数補語

「数詞＋動量詞」という数量詞句を動詞の後に置くと、回数補語（または動量補語）となります。

伊 打过 三趟 手机。　彼は3回携帯電話をかけた。

台钟 敲了 三记。　置き時計が3つ鳴りました。

ただし、目的語が人称代詞の場合は、「動詞＋目的語＋回数補語」の語順となります。

老板 骂脱伊 一顿。　社長は彼をさんざん叱った。

8－3　時間量詞と時量補語

時間量を表すものを時間量詞といいます。

①時間量詞

两／二分钟（liang³fenzong）	2分間
十五分钟（shak⁵hhngfenzong）／一刻钟（iek⁴kakzong）	15分間
三十分钟（se¹shakfenzong）／半个钟头（boe²ghakzongdheu）	30分間
一个钟头（iek⁴ghakzongdheu）	1時間

三天(se[1]ti)　3日間

四个　礼拜(si[2]ghak li[3]ba)　4週間

五个　号头(hhng[3]ghak hhao[3]dheu)／五个　月(hhng[3]ghak hhyek[5])　5カ月

六年(lok[5]ni)　6年間

②不定時間量詞

具体的な時間量を表すことができない時使い、数詞“一”とだけ結合します。

一歇（歇）(iek[4]xiek(xiek))　しばらく・ちょっとの間

一枪 (iek[4]qiang)　比較的長い時間・しばらく

③時量補語

「数詞＋時間量詞」という数量詞句を動詞の後に置くと、時量補語となります。

侬　学了　几年　上海闲话？あなたは何年上海語を勉強しましたか？

ただし、目的語が人称代詞の場合は、「動詞＋目的語＋時量補語」の語順となります。

老林 等了伊　一个多　月了。林さんは彼を一カ月以上待っている。

9　疑問詞

人	啥人 (sa[2]nin)	だれ
物	啥 (sa[2])	なに
	啥个 (sa[2]ghak)	なに
	阿里一位／只(hha[3]li iek[4]hhue / zak)	どなた・どれ
場所	阿里（搭）(hha[3]li(dak))	どこ
	啥地方 (sa[2]dhifang)	どこ
方法	哪能（样子）(na[3]nen(hhiangzi))	どう・どのように
理由	为啥／做啥 (hhue[3]sa / zu[2]sa)	どうして
	啥体 (sa[1]ti)	どうして

	哪能（na^3nen）	どうして
状態	哪能（na^3nen）	いかが
数量	几（ji^2）	いくつ
	多少（du^1sao）	いくつ
	几化（ji^2ho）	いくつ
時間	啥辰光（$sa^2shen'guang$）	いつ
	几时（ji^2shi）	いつ

9―1　疑問詞の位置

上海語の疑問詞の文型は日本語と同じです。

主語：　啥人　是小王？　　誰が王さんですか？

目的語：格是　啥　物事？　　これは何ですか？

述語：　天气　哪能？　　天気はどうですか？

9―2　“几”と“几化”／“多少”

①“几”：「いくつ」必ず後に量詞を伴います。

侬　买了　几张　票？　　何枚のチケットを買いましたか？

②“几化”／“多少”：「いくつ」「どれだけ」

侬　买　几化？　　あなたはどれぐらい買いますか？

侬　公司　有　多少　人？　　会社には社員が何人いますか？

10　助動詞

助動詞は能力や願望や可能性などを表すものです。助動詞は動詞の前に入れて、「助動詞＋動詞」の語順となります。否定したい時は助動詞の前に“勿”（vak^5）を加えます。

10－1　能力・可能を表す助動詞

①“好”（hao^2）／“可以”（ku^2i）／“能够”（nen^3geu）：主観的能力・客観的事情・許可などの「できる」

我　好／可以／能够 游　一万米。私は1万メートル泳げます。

现在出发，两点钟　好／可以／能够 到。

いまから出発したら、2時には着きます。

②“会（得）”（hhue³(dak)）／能够”（nen³geu）：訓練や学習、経験を通じて身に着けた技能・能力の「できる」

伊　会得／能够　开 车子。彼女は運転ができます。

③“会（得）”（hhue³(dak)）：「上手」「下手」という程度を表す場合の「上手くできる」

侬 老 勿会　讲 闲话个。　あなたは話が上手くないですね。

10－2　願望・意志を表す助動詞

①“想”（xiang²）：意志・希望「～したい」

侬 明朝 想 去 白相哦？　あなたは明日遊びに行きたいですか？

—— 忒　吃力了，勿想　去。疲れすぎたので、行きたくありません。

②“要”（iao²）：意志・希望「～したい」、必要・義務「～しなければならない」

侬　要　看哦？　あなたは見たいですか？

—— 我　勿要　看。　私は見たくありません。

10－3　可能性を表す助動詞

①“应该”（in¹ge）：「（道理や人情からして当然）～すべきである・～するはずである」）

应该 好好叫 谢谢伊。彼にきちんとお礼をしなければなりません。

②“会（得）”（hhue³(dak)）：「～するだろう」「～するはずである」という可能性・必然性

今朝　夜到　会得　落雨个。今夜雨が降るだろう。

伊　勿会得　来个。　彼が来るはずがない。

③“要”（iao²）：「（あることが恐らく起こるであろう時に用いる）～する

ものである・～するはずである」。否定形は“勿要”ではなく、“勿会（得）”であることに注意してください。

看 样子 今朝 夜头 要 落雪。今日の夜は雪が降りそうだ。

—— 我觉着 勿会得 落个。 降らないと思いますよ。

“要～了”(iao²~lak)：事態が近い未来に起こること。「まもなく～しようとしている」

要 放 暑假了。 まもなく夏休みに入ります。

11 連動文

主語を共有する文中、複数の動詞がお互い関わりを持ってできた文を連動文といいます。

①動作・行為を行う順次を表します。

阿拉 乘地铁 去 买 物事。私たちは地下鉄で買い物に行きます。

②後ろの動詞（句）が前の動作の目的を表します。

伊 到 上海来 旅游。 彼女は上海に旅行に来ます。

③前の動詞（句）が後ろの動作の方式・手段を表します。

小王 坐拉 沙发浪 看 电视。王君はソファに座ってテレビを見ます。

学生子 用铅笔 写 字。 学生は鉛筆で字を書きます。

12 兼語文

兼語文の述語は「動詞＋目的語」という動目連語と「主語＋動詞」という主述連語が一部重なり合った形式でできて、すなわち前の連語のなかの目的語は後ろの連語の動詞に対しては意味上の主語の役割を兼ねます。

主語＋述語（動詞＋ 目的語
　　　　　　　　　主　語＋動詞）

12－1 兼語文Ⅰ：“让”(niang³)／“叫”(jiao²)／“使（得）”(si²(dak))：「～に～させる」

叫侬 破费了，勿好意思。　散財させて、申し訳ありません。

让我 想一想。　考えさせてください。

格种 做法 使得 顾客 交关 满意。

この方法はお客さんを大変満足させます。

12－2　兼語文 II："请""要""拨"

①"请"（qin²）

・「人に～してもらう」

我 想 请侬 帮帮 忙。

私はあなたに手伝ってくださるように頼みします。

・「食事・観劇などを招く、ごちそうする」

今朝 我 请伽 吃 饭。　今日私はあなたたちを食事に招待します。

・「どうぞ～してください」

请 坐！　どうぞおかけください！

②"要"（iao²）：「～に～するように言う」

伊 要 侬 8点钟 转来。　彼は君に8時までに戻るように言った。

③"拨"（bak⁴）：「 ～に～させてあげる」

我 拨伊 吃 咖啡。　私は彼女にコーヒーをお出しします。

13　疑問文

13－1　諾否疑問文

①平叙文の文末に語気助詞"哦"（vak⁵）をつけると疑問文になります。

侬 是 日本人哦？　あなたは日本人ですか？

②動詞か形容詞述語の前さに"阿"（ak⁴）を置くと疑問文になります。

伊 阿是 上海人？　彼は上海の出身ですか？

13－2　疑問詞疑問文

疑問詞を使うと、相手に具体的な答えを求める疑問詞疑問文になります。

伊 啥辰光 来？　彼はいつ来ますか？

13－3　反復疑問文

・平叙文の述語の肯定形と否定形を並列すると反復疑問文になります。

　　依　去　勿去？　　　　　あなたは行きますか？

述語は2文字の場合、肯定形の第2字が省略される形もあります。

　　伊　漂(亮)　勿漂亮？　　　彼女はきれいですか？

・文末に"勿啦"（vakla）がつく場合に、随意的なニュアンスで使われます。

　　依　去勿啦？　　　　　君は行くの？

13－4　選択疑問文

"是～还是～"を使うと、「AですかそれともBですか」という選択疑問文になります。

　　依　是　中国人，还是　日本人？

　　　　あなたは中国人ですか、それとも日本人ですか？

14　副詞

14－1　程度副詞

①"有眼"／"有点"（hhieu³hhnge / hhieu³di）：「少し」「少々」

　　我　觉着　有眼　贵。　　　私は少し高いと思う。

②"蛮"（me¹）：「なかなか」「結構」

　　上海　蛮　大个。　　　上海は結構大きい。

③"交关"（jiao¹gue）：「とても」

　　格本书　交关　好看。　　　この本はとても面白い。

"交关"は「多い」という形容詞でもあります。例：人交关「人が多い」

④"邪气"（shia³qi）：「たいへん」

　　格搭个　物事　邪气　嗰。　ここの品物はとても安い。

⑤"老"（lao³）：「たいへん」

　　伊只　彩电　老　嗰个。　　そのカラーテレビはとても安いですよ。

14－2　時間副詞

①"刚（刚）"（gang[1](gang)）：「～したばかりである」

伊　刚（刚）　来。　　　彼は来たばかりです。

②"拉（拉）"（lak[5](lak)）：動作や状態が発生し、かつ持続する・している状況

我　拉（拉）　吃　饭。　　　私は食事中です。

③"就"（jhieu[3]）：すぐに、もうすぐ　事柄がスムーズに進み、早い、短いという気持ち

请　等一歇，我　就　来。ちょっと待ってください。すぐに行きます。

④"才"（ze[1]）：「やっと」事柄の進展がスムーズでなく、遅い、長いという気持ち

等了　一个钟头，伊　才　来。一時間待って、彼はやっと来た。

⑤"快"（kua[2]）：数量詞・時間名詞・動詞（句）の後ろに置きます。

・"～快了"（~ua[2]lak）：「すぐ」「間もなく」差し迫った未来の実現

阿拉　姆妈　转来快了。　　母はもうすぐ帰ってきます。

・"～快"（~kua[2]）：「間もなく」「くらい」

学了　两年快。　　　勉強を始めてもうすぐ2年になる。

14－3　範囲副詞

①"侪"（she[3]）：「みんな」

阿拉　侪是　日本人。　　　私たちはみな日本人です。

②"只"（zak[4]）：「ただ」

我　只吃　啤酒。　　　私はビールだけ飲みます。

③"一道"（iek[4]dhao）：「一緒に」

阿拉　一道去。　　　私たちは一緒に行きます。

14－4　反復副詞

①"再"（ze[1]）

・「また～する」　　明朝 再 来。　　明日また来ます。
・「再び～する」　　请 再讲一遍。　　もう一度言ってください。
・「もっと」　　再吃眼。　　もっと食べて(飲んで)ください。
・“(先)～再～”((xi¹) ~ze¹~):「まず～してから～する」
　　先到 上海 再到 北京。まず上海へ行って、それから北京へ行きます。
②“又”(hhieu³):「～してまた～した」
　　伊 又 去了。　　彼女はまた行きました。
③“也”(hha³):「～も」
　　我 也要。　　私もほしいです。

14－5　その他の副詞

①“勿要”(vak⁵iao)
・「～するな」
　　勿要吵!　　騒がないで!
・「～しなくてもいい」
　　格只公园 勿要买 票子个。　この公園は無料です。
②“豪扫”(hhao³sao):「急いで」
　　豪扫 上车!　　急いで車に乗れ!
③“像煞”(xhiang³sak)/“好像”(hao²xhiang):婉曲に推測「どうも～のようだ」「～の気がする」
　　伊 像煞 身体 勿大 好。　彼女は体調が悪いようだ。

15　介詞

介詞(前置詞)は単独で使えず、後ろの名詞性語句とともに介詞句を構成し、「介詞＋名詞(句)＋述語」の語順で、動作・行為の時間・場所・方向・対象などを示します。
①“拉(拉)”(lak⁵(lak)):動作の地点・時点:「～で」

我　拉　上海　旅游。　　私は上海で旅行しています。

②“从”（shong3）：動作・時間の起点など：「～から」

阿拉　从　横浜　出发。　　私たちは横浜から出発します。

③“到”（dao2）：到達地点・時点：「～まで」「～へ」

到　超市去　看看。　　スーパーに行って見てみる。

（从）一号　到　七号　是　黄金周。

1日から7日まではゴールデンウイークです。

④“离”（li3）：空間・時間のへだたり：「～から」「～まで」

今朝　离　9月　1号　还有　5天。

今日から9月1日まであと5日ある。

⑤“跟”（gen1）／“脱”（tak4）／“帮”（bang1）：「～と」「～について」

侬　跟／脱／帮　我　一道去　好哦？

あなたは私と一緒に行ってくれますか？

我　想　跟／脱／帮　李老师　学　上海话。

私は李先生に上海語を習いたいと思います。

⑥“拨”（bak4）：動作・行為の受け手：「～に～してあげる」

侬　拨　导游　打只　电话。ガイドさんに電話してください。

16　助詞

16－1　構造助詞

①定語・状語と“个”（ghak）

・定語と“个”：名詞（句）を修飾する単語や連語を定語（連体修飾語）といいます。定語の後に挿入して、定語を導く構造助詞は“个”です。

定語　＋　“个”　＋　名詞

我　个　护照　私のパスポート

到　上海去　旅行　个　人　邪气　多。

上海へ旅行に行く人は非常に多い。

・状語と“个”：動詞（句）または形容詞（句）を修飾する単語や連語を

状語（連用修飾語）といいます。状語の後に指入して、状語を導く構造助詞は“个”です。

状語 +	“个” +	動詞・形容詞	
匆停	个	唱	絶え間なく歌う
邪气	（个）	贵	非常に高い

②補語と“得”（dak）／“了”（lak）

動詞述語または形容詞述語の後に入れて、補足的に説明・評価する文の成分を補語といいます（17 補語を参照）。様態補語と可能補語を導く構造助詞は“得”／“了”です。

・動詞・形容詞の後ろに様態補語がつく場合は、“得”／“了”を挿入します。

動詞･形容詞 +	“得”／“了” +	様態補語	
唱	得	交关好	歌うのがとても上手
忙	了	匆得了	忙しくてたまらない

・動詞の後ろに可能補語がつく場合は、“得”を挿入します。

動詞 +	“得” +	可能補語	
听	得	懂	聞き取ることができます

16－2　動態助詞

動詞のすぐ後に置かれて、「動詞＋動態助詞」の語順で、動作・状態の「相」を表す助詞を動態助詞といいます。

①「完了相」の“了”（lak）：動詞の後に“了”を用いて、動作・行為の「完了」を表します。

・過去のある時点における「完了」を表します。「～した」

肯定形：我　看了　一场　电影。　私は映画を見た。

否定形：我　呒没　看　电影。　私は映画を見なかった。

・仮定（未来）のある時点における「完了」を表します。普通「動詞＋“了”＋動詞（句）」の形式を取ります。「～してから」「～したあと」

吃了 饭 去。　　　　　　食事をしてから行こう。

②「持続相」の“拉”（lak）

動詞の後に“拉”を用いて、すでに発生した動作の結果の「持続」（～している、～してある）を表します。“拉海”または“拉拉”を使うこともあります。

肯定形：台子浪 摆拉 交关 花。机の上には花がたくさん置いてある。

否定形：门 呒没 开（拉）。　ドアが開いていない。

「動作や状態が発生し、かつ持続すること」を示すとき、動態助詞“拉”を用いず、副詞“拉”を使っていいます（14－2時間副詞“拉”を参照）。

③「経験相」の“过”（gu）

過去にそのようなことがあったという「経験」を表します。「～したことがある」

肯定形：我 去过 上海。私は上海に行ったことがあります。

否定形：我 呒没 吃过 茅台酒。

私はマオタイ酒を飲んだことがない。

16－3　語気助詞

文末に置かれて使われ、話し手の心情や態度、例えば疑問・感嘆・命令・確認その他の語気を表す助詞を語気助詞（または文末助詞）といいます。

①“哦”（vak）

・疑問を表します。「～か」：「肯定文＋哦」という形式で用います。

　依 是 日本人哦？　　　　あなたは日本人ですか？

・推測・勧誘を表します。「～でしょう」「～しましょう」

　车子 还 呒没 来哦？　車はまだ来てないでしょう。

　辰光 勿早了，阿拉 走哦！　遅くなりました。出かけましょう！

②“呢”（nak）

相手か自分に質問の答えを求める語気を表します。“哦”を使う疑問文以外の質問に用います。「～だろう」

伊　是　啥人呢？　　　　　彼は誰だろう？

③“个”（ghak）（8 量詞・16 － 1 構造助詞を参照）

(1) 確認・断定の語気を表します。「間違いなく～だ」

我　去个。　　　　　　　　私は必ず行く。

(2) 行われた時間・場所・方法と動作主などを確認・断定する語気を表し、通常は「是～个」構文「～したのである」「～しているのである」を用います。肯定型の場合“是”は省略されることもあります。

伊拉（是）上个礼拜 到 杭州去个。

彼らは先週に杭州に行ったのです。

④ “了”（lak）

肯定・変化・強調などの語気を表します。

(1) ある動作が確かに発生したということを強調する気分を表します。「～した」「～している」

伊　到　上海去了。　　　　彼は上海に行きました。

否定形は動詞の前に“呒没”を置いて表しますが、その場合“了”を用いません。

伊　呒没　到　上海去。　彼は上海には行かなかった・行ってない。

(2) 新しい状況の発生や状態の変化を認める気分を表します。「～になった」「～になる」

天气　风凉了。　　　　　　天気は涼しくなった。

伊　是　老板了。　　　　　彼は社長になった。

我　有　车子了。　　　　　私は車を持つことになった。

今朝　二十八号了。　　　　今日 28 日になった。

(3) 時間量を伴う動詞述語文（継続することができる動詞に限り）の文末に“了”を置くと、今後も動作が引き続いて継続する可能性があることを表します。「～している」

動詞＋時間量＋“了”

拉　上海　工作　五年了。　　上海で５年働いている。

⑤“咪”（le）：相談・提案・懇願の語気を表します。

照片　拨我　看看咪！　　写真をちょっと見せてくれませんか。

⑥“咾”（lao）：推測の語気を表します。この場合、肯定の気持ちは比較的強くなります。

侬　屋里　有　四个人咾？　あなたは４人家族ですよね？

伊　是　日本人咾？　　あの方は日本人でしょう？

⑦“啦”（la）

(1) 語気助詞“了”と“啊”の合音。感情的色彩を加え、強める気分を表します。

(2) “呢”よりやや強く求める語気を表しますが、つけなくても意味は変わりません。

啥个　味道啦？　　どんな味ですか？

⑧“啊”（a）：感嘆・感動・疑問の語気を強める気分を表します。

听说　伊　结婚了，真个啊？

彼女は結婚しているそうですが、本当ですか？

17　補語

17－1　結果補語

述語（動詞）＋ 結果補語

我　　　听　　　懂了。　　私は理解した。

衣裳　呒没　汏　　　清爽。　　服はきれいに洗えなかった。

動詞の後に来て動作・行為がどのような結果が生じたかを説明する成分を結果補語といいます。否定形は通常、動詞の前に“呒没”を置きます。

①“到”（dao^2）

(1) 空間的・時間的に動作が到達すること。「～まで～する」

今朝　参观到　12点钟。　　今日12時まで見学します。

（2）目指す目標・結果が達成されたこと。"着"（shak^{5}）に言い換えることができます。

足球票 呒没 买？　サッカーのチケットは買いませんでしたか？

——去 买了，不过 呒没 买到。買いに行ったけど、買えなかった。

②"拉"（lak^{5}）：動作の結果生じる時や場所。「～（場所）に」「～（時）に」

我 住拉 花园饭店。　私はガーデンホテルに泊まっている。

开会辰光 定拉 下半日 2点钟。会議時間は午後2時に決めた。

③"拨"（bak^{4}）：何かが人に与えられたり、わたること。「～対象に」

伊 借拨我 两张 CD。　彼は私に2枚のCDを貸してくれた。

拿 格封信 寄拨 佐藤先生。この手紙を佐藤さん宛に出してください。

④"脱"（tak^{4}）：何かがなくなる・離れること。「なくしてしまう」「なくなってしまう」

股票 卖脱了。　株が売り払われた。

⑤"好"（hao^{2}）

（1）動作が最後まで行う。「～し終わる」

书 看好了哦？　本を読み終えましたか？

（2）動作の結果が満足すべき状態になる。「ちゃんと～する」「きちんと～する」

请 大家 坐好！　みなさん、ちゃんと座ってください！

17－2　方向補語

通常、動詞の後に来て動作・行為の方向を補足説明する成分を方向補語といいます。

①単純方向補語：単音節の方向動詞からできているものを単純方向補語といいます。

（1）Aグループ（2個）：動詞＋"来／去"

"来"（le^{3}）：「（話し手に向かって）来る」ことを表します。

我 带来了 一盒 月饼。　私は1箱の月餅を持って来た。

"去"(qi²):「(話し手から遠ざかって)行く」ことを表します。

我个　铅笔　拨伊　拿去了。私の鉛筆は彼に持って行かれた。

(2) Bグループ(8個):動詞+"上/下/进/出/回/过/起/开"+目的語

"上"(shang³):低い所から高い所に上がることを表します。

伊　终于　登上了　领奖台。彼はついに表彰台に登った。

"下"(hho³):高い所から低い所に下ることを表します。

大家　依次　走下　飞机。　みんな順に飛行機から降ります。

"进"(jin²):外から中に入ることを表します。

伊　买进过 2部　大卡车。

彼は2台の大型トラックを買い入れたことがある。

"出"(cak⁴):中から外に出ることを表します。

伊　跳出了　火坑。　　彼女は生き地獄から抜け出した。

"回"(hhue³):元の場所に戻ることを表します。

勿能够　按时　赎回　典当个　首饰。

質に入れたアクセサリーが期限どおりに請け出せない。

"过"(gu²):ある場所から他の場所へ通って来る・行くことを表します。

车子　从　伽　屋里　门口　开过。車はあの家の玄関前を通り過ぎた。

"起"(qi²):下から上へ向かうことを表します。

伊　拿起　笔　签了　名。　彼はペンを取り、サインした。

"开"(ke¹):会議などを開いたり、ものが分かれることを表します。

拿西瓜　切开　好哦?　　スイカを切ってくれませんか?

②複合方向補語

2音節の方向動詞からできているものを複合方向補語といいます。すなわち、単純方向補語Bグループと A グループの順によって並べて、それぞれ組み合わせて、さらに具体的な方向性を示す補語のことを指します。

	上	下	进	出	回	过	开	起
来	上来 上って くる	下来 降りて くる	进来 入って くる	出来 出て くる	回来 戻って くる	过来 やって くる	开来 開く 分かれる	起来 下から上 へ向かう
去	上去 上って いく	下去 降りて いく	进去 入って いく	出去 出て いく	回去 戻って いく	过去 遠ざかる 通過する	开去 離れて いく	

格架　飞机　要　开回　日本去了。

この飛行機は日本へ帰って行く。

买　一张　报纸回来！　　新聞を買って帰りなさい！

17－3　可能補語

動詞の後に可能・不可能を表す可能補語をつけることがあります。

①動詞 ＋ “得”（dak）／“勿”（vak）＋ 結果補語

肯定形：我　听　得　懂　上海闲话。私は上海語を聞き取れます。

否定形：格眼工作　今朝　做　勿完。これらの仕事は今日中に終わらない。

②動詞 ＋ “得”（dak）／“勿”（vak）＋ 方向補語

肯定形：格歇　我　拿得出　一千块。私は今1000元出せます。

否定形：雨　介大啊！今朝　回勿去了。

雨がこれだけひどいので、今日は帰れない。

17－4　様態補語

動詞や形容詞の後ろに置かれて、その程度や様態を補足説明・評価するものを様態補語（または程度補語）といいます。

①動詞によって示される動作の行われる程度を説明・評価します。

肯定形：伊　唱得　交关好。　彼は歌うのがとてもうまい。

否定形：我　唱了　勿大好。　私は歌うのがあまり上手ではない。

「誰々は～するのが～だ」のように、動詞の後ろに“得”か“了”を介して、動作・行為の行われる程度を補足説明・評価します。

②形容詞によって示される性質・状態の程度を説明・評価します。

天气　热得　勿得了。　　　気候は暑くてたまらない。

物事　便宜　极了。　　　　品物はとても安い。

③動作・行為の結果や性質・状態が生じた様態を説明・評価します。

伊　吓得　浑身　发　抖。

彼は驚きのあまり全身がぶるぶる震えた。

昨日 夜里 热得 我 困勿着觉。昨晩暑くて眠れなかった。

目的語を伴う場合、動詞を繰り返し、2度用いなければいけませんが、時には、前の動詞は省略されることがあります。

(動詞)＋ 目的語 ＋ 動詞 ＋"得／了"＋ 様態補語

伊 唱　歌　　　唱　　得　　　交关好。

彼は歌を歌うのがとてもうまい。

18　比較文

①"比"(bi[2]) を用いる比較文:「〜より」

我 比 伊 长。　　　　　私は彼より背が高い。

我 比 伊 长 一公分。　　私は彼より1センチ背が高い。

②"呒没"(hhm[3]mak) を用いる比較文:「AはBほど〜ではない」

我 呒没伊 长。　　　　私は彼ほど背が高くありません。

③"脱"(tak[4]) 〜 "一样"(iek[4]hhiang) を用いる比較文:「AはBと同じだ」

我 脱 伊 一样 长。　　私の背は彼と同じ高さだ。

19　処置文

「"拿"(ne[1]) ＋ 目的語」という介詞句を動詞の前に位置して、動作・行為の対象を強調する文を「処置文」といいます。

"拿"＋目的語＋動詞述語＋補足成分

伊　拿（格本)书　　买　　来了。彼はこの本を買ってきた。

拿　依个　护照　拨　我。　あなたのパスポートをください。

20　受身文

上海語の受身文は受け身を表す“拨”(bak⁴) を用いて、次のような形式で表されますが、加動者は省略されることがあります。

“拨”＋(加動者)＋動詞述語＋補足成分

伊　拨　伊拉　爷　骂　脱一顿。　彼のお父さんに叱られた。

西瓜　拨　偷　光了。

スイカは全部盗まれてしまった。

21　接続詞

接続詞とは、２つ以上の語・句・節を接続して、さまざまな接続関係を表す役割を果たすことばです。

①“脱”（tak⁴）／“跟”（gen¹）／“告”（gao¹）／“帮”（bang¹）:「～と」

我　脱　伊　一道去。　私は彼女と一緒に行きます。

②“葛（末）”（gak⁴(mak)）:「それでは」「それなら」

侬　勿回去？　葛　我　先　跑了。あなたは帰らないのですか？

では先に失礼します。

③“因为”（in¹hhue）～“葛佬”（gak⁴lao）／“所以”（su²i）～:「～のために」「～なので、だから～」

因为　嗰，葛佬　多买了眼。とても安いので、少し多めに買った。

④“假使”（jia²si）～“就”（jhieu³）～:「もしも～ならば～」

假使　伊　勿想去　就　算了。

もし彼が行きたくないなら、別に構わないですよ。

⑤“虽然”（soe¹shoe）～“但是”（dhe³shi）～:「しかし、～だが」

事体　虽然　勿大，但是　影响　交关　大。

事は大きくありませんが、その影響はとても大きい。

ヴィジュアル上海語

1. 城市（shen^{3}shi ズンズ）街

①百货商店（bak^{4}husangdi パフサンテイ）デパート
②广场（guang^{2}shang クアンズアン）広場　③银行（nin^{3}hhang ニンアン）銀行
④高架路（gao^{1}galu コーガル）高速道路　⑤宾馆（bin^{1}goe ビングウイ）ホテル
⑥邮局（hhieu^{3}jhiok ユージョッ）郵便局　⑦火车站（hu^{2}coshe ホォツォゼ）駅
⑧医院（i^{1}hhy イーユウ）病院　⑨学堂（hhok^{5}dhang ホッダン）学校
⑩幼儿园（ieu^{2}hherhhy ユーアユウ）幼稚園
⑪大楼（dha^{3}leu ダルー）ビル　⑫马路（mo^{3}lu モール）道
⑬红绿灯（hhong^{3}lokden ホンロッテン）信号
⑭公园（gong^{1}hhy コンユウ）公園　⑮河浜(hhu^{3}bang ウーバン）川
⑯桥（jhiao^{3} ジョー）橋

2. 房间（vang³ge ヴァンケー）部屋

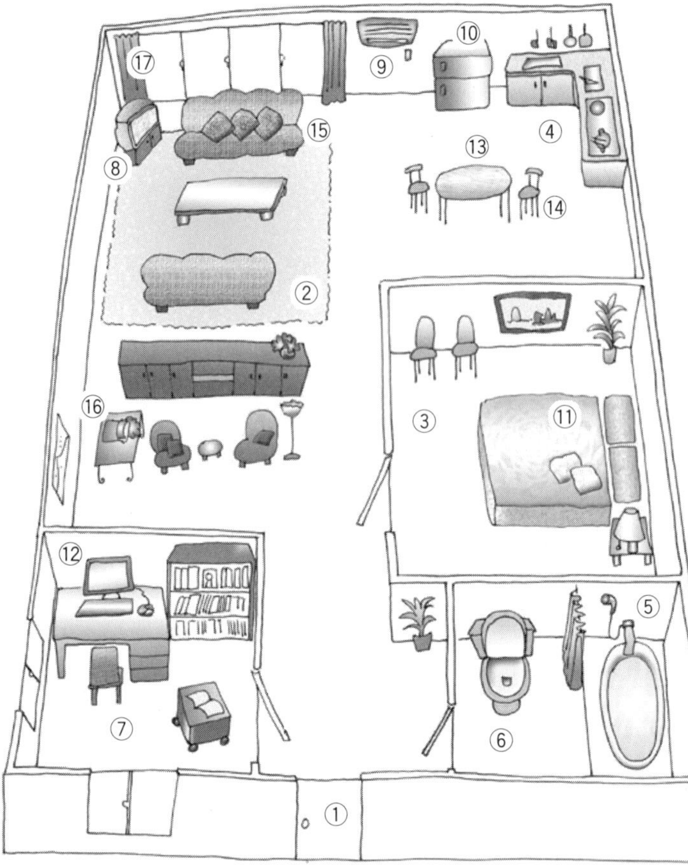

①门（men³ メン）門　②客厅（kak⁴tin カッティン）客間

③卧室（ngu³sak グウサッ）寝室　④厨房（shi³vang ズーヴァン）キッチン

⑤浴室（hhiok⁵sak ヨッサッ）風呂場　⑥厕所（ci²su ツースウ）トイレ

⑦书房（si¹vang スーヴァン）書斎　⑧电视机（dhi³shiji デイズーチ）テレビ

⑨空调（kong¹dhiao コンディオ）エアコン　⑩冰箱（bin¹xiang ビンシアン）冷蔵庫

⑪床（shang³ ズアン）ベッド　⑫电脑（dhi³nao ディナオ）パソコン

⑬台子（dhe³zi デズ）テーブル　⑭椅子（i²zi イーズ）椅子

⑮沙发（so¹fak ソファ）ソファー　⑯电话（dhi³hho ディーホ）電話

⑰窗帘（cang¹li ツアンリ）カーテン

3. 日用品 (shak^{5}hhiongpin サッイオンピン) 日用品

①剪刀(ji^{2}daoジータオ)はさみ　②胶水(gao^{1}si コース)のり

③簿子(bhu^{3}zi ブーズ)ノート　④信封(xin^{2}fong シンフォン)封筒

⑤信纸(xin^{2}zi シンズ)便せん　⑥邮票(hhieu^{3}piao ユーピオ)切手

⑦报纸(bao^{2}zi ボーズ)新聞　⑧笔(biek^4 ピッ)ペン

⑨钥匙(hhiak^{5}shi ヤッズ)鍵　⑩钟(zong^1 ゾン)掛け時計

⑪花瓶(ho^{1}bhin ホービン)花瓶　⑫日历(shak^{5}liek ザッリッ)カレンダー

⑬茶杯(sho^{3}be ゾーベー)湯のみ茶碗

⑭热水瓶(niek^{5}sibhin ニエスービン)魔法瓶　⑮香烟(xiang^{1}i シアンイ)タバコ

⑯烟灰缸(i^{1}huegang イーホエガン)灰皿

⑰垃圾筒(la^{3}xidhong ラーシードン)ごみ箱

⑱指甲钳(zi^{2}kakjhi ツーカッジ)つめ切り

4. 交通工具 (jiao¹tonggongjhy ジョウトンゴンジュ) 乗り物

①飞机 (fi¹ji フィジ) 飛行機　②轮船 (len²shoe ランズウイ) 船
③卡车 (ka²co カーツォ) トラック　④汽车 (qi²co チツォ) 乗用車
⑤出租汽车 (cak⁴zuqico ツアッツウチツォ) タクシー
⑥轻轨 (qin¹gue チンクゥェ) 電車　⑦电车 (dhi³co ディーツォ) トロリーバス
⑧公共汽车 (gong¹ghongqico コンゴンチツォ) バス
⑨脚踏车 (jiak⁴dhakco ジャッダッツォ) 自転車
⑩摩托车 (mo³tokco モートッツォ) オートバイ ⑪地铁 (dhi³tiek ディテッ) 地下鉄
⑫黄鱼车 (hhuang³hhngco ウアンーツォ) リヤカー
⑬拖拉机 (tu¹laji トウーラジ) トラクター
⑭长途汽车 (shang³dhuqico ザンドウチツォ) 長距離バス　⑮火车 (hu²co ホォツォ) 列車

5. 家庭 (jia¹dhin ジアディン) 家庭

①爷爷(hhia³hhia ヤーヤ) 父方の祖父　②奶奶(ne³ne ネーネー) 父方の祖母
③外公(nga³gong ガーコン) 母方の祖父　④外婆(nga³bhu ガーブ) 母方の祖母
⑤爸爸(ba¹ba パパ) 父　⑥姆妈(m¹ma ムマ) 母　⑦阿哥(ak⁴gu アック) 兄
⑧阿姐(ak⁴jia アッジャ) 姉　⑨我(ngo³ ンゴー) 私　⑩阿弟(ak⁴dhi アッデイ) 弟
⑪阿妹(ak⁴me アッメ) 妹　⑫朋友(bhang³hhieu バンユー) 友人
⑬亲眷(qin¹jy チンジユ) 親戚　⑭邻居(lin³jy リンジュ) 隣人
⑮宠物(cong²vak ツオンヴァッ) ペット

6. 身体（sen^{1}ti スンティ）からだ

①头（dheu^{3}ドウー）頭　②头发（dheu^{3}fak ドウーファ）髪の毛
③眼睛（nge^{3}jin ゲジン）目　④鼻头（bhiek^{5}dheu ビエッドウー）鼻
⑤嘴巴（zi^{2}bo ズボー）口　⑥耳朵（ni^{3}du ニトウ）耳
⑦头颈（dheu^{3}jin ドウージン）首　⑧手（seu^{2} スウ）手
⑨手指头（seu^{2}zidheu スウズドウー）指　⑩手臂把（seu^{2}bibo スウピポ）うで
⑪肚脐眼（dhu^{3}jhi'nge ドウジンゲー）へそ　⑫腿（te^{2} テー）腿
⑬脚（jiak^{4} ジャッ）足　⑭骨头（guak^{4}dheu グァッドウー）骨
⑮皮肤（bhi^{3}fu ビフ）皮膚　⑯舌头（shak^{5}dheu ザッドウー）舌
⑰牙齿（nga^{3}ci ガツー）歯　⑱肩胛（ji^{1}gak チガッ）肩
⑲胸部（xiong^{1}bhu シオンブ）胸　⑳肚皮（dhu^{3}bhi ドウビー）おなか
㉑背（be^{2} ペー）背中　㉒腰（iao^{1} ヤオ）腰　㉓屁股（pi^{1}gu ピク）お尻

◆単語リスト◆

A

a^{2}　矮　背が低い、高さが低い
ak^{4}　阿　① 疑問を表す ②～ちゃん
ak^{4}bak　阿爸　お父さん
ak^{4}la　阿拉　私たち

B

ba^{2}　摆　置く
bak^{4}　拨　①あげる ②～に～してあげる ③～に～される
bak^{4}gu　不过　ただし、ただ
bak^{4}husangdi　百货商店　デパート
bang^{1}　帮　①～と ②～について ③手伝う
bang^{1} mang^{3}　帮忙　手伝う
bao^{1}　包　①包む ②かばん
bao^{2}　饱　おなかがいっぱいになる
bao^{2}linjieu　保龄球　ボウリング
be^{1}zi　杯子　コップ
bhak^{5}　白　白い
bhak^{5}xiang　白相　遊ぶ
bhao^{3}　跑　①行く ②歩く ③走る
bhe^{3}　办　する・やる
bhe^{3}fak　办法　方法
bhi^{3}dang　便当　便利
bhi^{3}dheu　被头　掛け布団
bhi^{3}gakzi　皮夹子　財布
bhi^{3}jieu　啤酒　ビール
bhi^{3}lidi　便利店　コンビニ
bhi^{3}ni　便宜　安い
bhi^{3}shao　肥皂　石鹸
bhiek^{5}nin　别人　他人
bi^{2}　比　～より
bi^{2}fang　比方　例えば
biao^{2}shi　表示　表す
bin^{1}goe　宾馆　ホテル
bin^{1}xiang　冰箱　冷蔵庫
boe^{2}　半　半
bok^{4}jin kao^{2}ak　北京烤鸭　北京ダック
bok^{4}mi　北面　北

C

ca^{1}dheu　差头　タクシー
cak^{4}　出　出る
cak^{4}ca　出差　出張
cak^{4}fak　出发　出発する
cak^{4}keu　出口　①輸出 ②出口
cang^{1}zi　窗子　窓
cang^{2}　唱　歌う
cao^{1}shi　超市　スーパーマーケット
cao^{2}　炒　①炒める ②転売して儲ける
cao^{2}piao　钞票　紙幣、札
cao^{2}ve　炒饭　チャーハン
ce^{2}　菜　料理
ce^{2}de　菜单　メニュー
cen^{1}jiek　春节　旧正月、春節
cen^{2}　乘　乗る
cen^{2}se　衬衫　ワイシャツ
ceu^{1}simodhong　抽水马桶　水洗トイレ
ci^{1}fongji　吹风机　ドライヤー
co^{1}(zi)　车(子)　車
co^{1}she　车站　①駅 ②停留場
co^{1}vakdu　差勿多　ほとんど
coe^{1}goe　参观　見学する
coe^{1}tin　餐厅　レストラン
cu^{2}　错　間違っている、間違い

D

da^{2}　带　①持つ・携帯する ②引き連れる
dak　得　(動詞と補語の間に置き、程度や可能を表す)
dang^{1}shoe　当然　もちろん
dang^{2}　打　①(電話を)かける ②打つ
dang^{2}gong　打工　アルバイトする
dang^{2}huji　打火机　ライター
dang^{2}jiao　打搅　お邪魔する
dang^{2}sao　打扫　掃除する
dang^{2}soe　打算～　するつもり
dao^{1}　刀　ナイフ、刀
dao^{2}　到　①着く ② ～まで ③ (目指す目標・結果が達成されること)
de^{1}xin　担心　心配する
de^{2}　对　①そうです ②正しい ③～に
den^{2}　等　①待つ ②など
dha^{3}　汏　①洗濯する ②洗う
dha^{3}bhadang　大排挡　屋台
dha^{3}cesihhu　大菜师傅　コック
dha^{3}ga　大家　みなさん
dha^{3}hhok　大学　大学
dha^{3}i　大衣　オーバー
dha^{3}tin　大厅　ロビー
dhao^{3}li　道理　理由
dhe^{3}den　台灯　電気スタンド
dhe^{3}hhoeci　兑换处　両替所
dhe^{3}shi　但是　しかし
dheu^{3}tong　头痛　頭痛
dhi^{3}be　地板　床
dhi^{3}co　电车　トロリーバス
dhi^{3}den　电灯　電灯
dhi^{3}dhu　地图　地図
dhi^{3}fang　地方　所
dhi^{3}in　电影　映画
dhi^{3}shi　电视　テレビ

dhi^{3}ti　电梯　エレベーター
dhi^{3}zi　地址　住所
dhi^{3}zihhieujhi　电子邮件　E メール
dhiao^{3}　调　換える
dhiek^{5}siku　迪斯科　ディスコ
dhin^{3}　定　定める、決まる
dhin^{3}　停　止まる、停止する
dhong^{3}hho　同学　クラスメイト
dhu^{3}　大　大きい
dhu^{3}shakha　大闸蟹　上海蟹
dhu^{3}sigoe　图书馆　図書館
di^{1}　低　低い
di^{2}　点　①～時 ②(数)点 ③ちょっと
din^{2}　订　予約する
dong^{1}jin　东京　東京
dong^{1}mi　东面　東
dong^{2}　懂　わかる、理解する
du^{1}　多　多い 、たくさん
du^{1}sao　多少　どれぐらい、いくつ
du^{2}co　堵车　車が渋滞する

E

e^{2}　爱　愛する
e^{2}nin　爱人　夫または妻

F

fak^{4}　发　(ファックス・E メールを) 送る
fak^{4} niek^{5}　发热　熱が出る
fak^{4}liek　法律　法律
fang^{1}　方　四角
fang^{2}ga　放假　①休みになる
fang^{2}men　访问　訪問する
fang^{2}xin　放心　安心する
fen^{1}　分　(1 元の 100 分の1(お金の単位))
fen^{1}(zong)　分(钟)　分(時間の単位)
fi^{1}ji　飞机　飛行機
fi^{1}jishang　飞机场　空港
fi^{1}shang　非常　非常に
fok^{4}in　复印　コピー
fong^{1}jin　风景　風景、景色
fong^{1}liang　风凉　涼しい
fu^{2}　付　(お金を) 払う

G

ga^{1}　介　こんなに
ga^{1} hhieu^{3}　加油　頑張る
gak^{4}(mak)　葛(末)　それでは
gak^{4}lao　葛佬　だから
gang^{1}(gang)　刚(刚)　～したばかり
gang^{2}　讲　言う、話す
gao^{1}　教　教える
gao^{1}　高　①高い ②(能力・程度などが一般より)優れている
gao^{1}jiek　高级　①上等 ②豪華
gao^{1}sokgonglu　高速公路　高速道路
gao^{1}xin　高兴　①うれしい ②(それが望ましいと考えて)承知する
gao^{2}　告　①～と ②～について
gao^{2}su　告诉　告げる、知らせる
gen^{1}　跟　①～と ②～について
geu^{2}　狗　犬
ghak^{5}　个　①(人・時間を数える時に使う単位) ②の、に ③間違いなく～だ ④～したのだ
ghak^{5}dak　格搭　ここ
ghak^{5}ghak hhyek^{5}　格个月　今月
ghak^{5}ghakliba　格个礼拜　今週
ghak^{5}nen　格能　こんなに
ghak^{5}tang　格趟　今度
ghak^{5}xiek　格歇　いまごろ
ghao^{3}　搞　する
goe^{1}　干　乾いている
goe^{1}be　干杯　乾杯する
goe^{2}dhong　感动　感動する
goe^{2}mao　感冒　風邪を引く
goe^{2}xhia　感谢　感謝する
goe^{2}xiang　感想　感想
gok^{4}hhue　各位　各位
gok^{4}shak　觉着　①感じる ②～と思う
gong^{1}cak　公尺　メートル
gong^{1}hhuhhy　公务员　公務員
gong^{1}hhy　公寓　アパート
gong^{1}jin　公斤　キログラム
gong^{1}li　公里　千メートル
gong^{1}oejhiok　公安局　警察署
gong^{1}si　公司　会社
gong^{1}xi　恭喜　おめでとう
gu^{1}　歌　歌
gu^{1}seu　歌手　歌手
gu^{2}　过　①～たことがある ②過ぎる、通る
gu^{2}kak　顾客　お客さん
gu^{2}piao　股票　株・株券
guak^{4} hhu^{3}zidao　刮胡子刀　ひげそり
guang^{1}lin　光临　光臨
guang^{2}gao　广告　広告
gue^{1}　关　閉じ込める

H

hao^{2}　好　①いい ②できる ③～し終わる ④ちゃんと～する
hao^{2}haojiao　好好叫　よく
hao^{2}koe　好看　きれい
hao^{2}xhiang　好象　～のようだ

he^{2}bi　海边　海辺
hha^3　也　～も
hha^{3}zi　鞋子　靴
hhak^{5}zi　盒子　箱、ケース
hhang^{3}li　行李　荷物
hhao^3　号　①ナンバー ②～日
hhao^{3}dheu　号头　①ナンバー ②(時間の単位)月
hhao^{3}hho　豪华　豪華
hhao^{3}sao　豪扫　はやく
hhe^3　还　①まだ ②また、さらに
hhe^{3}hho　闲话　話、言葉
hhe^{3}shi　还是　①～それとも～ ②やはり
hheu^{3}dheu　后头　後ろ
hhia^3　爷　父親、お父さん
hhia^{3}dao　夜到　夜
hhia^{3}kua(dheu)　夜快(头)　夕方
hhia^{3}li(xiang)　夜里(向)　夜
hhia^{3}ddeu　夜头　夜
hhia^{3}niang　爷娘　両親
hhia^{3}ve　夜饭　夕飯
hhiak^5　药　薬
hhiang^{3}se　洋伞　傘
hhieu^3　又　～してまた～した
hhieu^{3}iong　游泳　①泳ぐ ②水泳
hhieu^{3}isi　有意思　面白い
hhieu^{3}mi　右面　右、右側
hhieu^{3}nge　有眼　すこし
hhiok^{5}gang　浴缸　浴槽
hhiong^3　用　①用いる ②～で
hhm^{3}mak　呒没　①ない、いない ②しなかった
hhng^3　鱼　魚
hho^3　下　①下 ②降りる、下がる
hho^3　画　①絵 ②描く
hho^{3}boeniek　下半日　午後
hho^{3}dheu　下头　下
hho^{3}gakliba　下个礼拜　来週
hho^{3}ghak hhyek^5　下个月　来月
hho^{3}ku　下课　授業が終わる
hho^{3}tang　下趟　次回
hhoe^{3}ga　寒假　冬休み
hhok^5　学　学ぶ
hhok^{5}sang(zi)　学生(子)　学生
hhong^3　红　赤い
hhu^{3}hhinngejin　无形眼睛　コンタクトレンズ
hhu^{3}zao　护照　パスポート
hhua^3　坏　①壊れる ②悪い
hhuang^{3}jinzeu　黄金周　ゴールデンウイーク
hhue^3(dak)　会(得)　①できる、習得 ②上手くできる ③はずである
hhue^{3}qi　回去　帰る
hhue^{3}sa　为啥　どうして、なぜ
hhue^{3}senzi　卫生纸　トイレットペーパー
hhun^{3}dhen　馄饨　ワンタン
hhy^3　圆　円い
hhy^3　远　遠い
hhyek^{5}liang　月亮　月
ho^1　花　花
hoe^{1}xi　欢喜　好き

I

i^{1}hhy　医院　病院
i^{1}shang　衣裳　衣服
i^{2}jin　已经　すでに
iao^2　要　①いる ②～したい ③～する必要がある
iek^{4}bi ～ iek^{4}bi ～　一边～一边～　～しながら～する
iek^{4}dhao　一道　一緒に
iek^{4}ghong　一共　全部で
iek^{4}nge(nge)　一眼(眼)　少し
“一点(点)” (iek^{4}di(di))　とも
iek^{4}qiang　一枪　比較的長い時間、しばらく
iek^{4}xiek(xiek)　一歇(歇)　しばらく、ちょっとの間
in^{1}hhiak　音乐　音楽
in^{1}hhue　因为　～なので

J

jhi^{3}bhao　旗袍　チャイナドレス
jhi^{3}senvang　健身房　ジム
jhiang^3　㩳　安い
jhiek^5　极　きわめて
jhiek^{5}hhak　集合　集合する
jhiek^{5}lak　极了　(形容詞・動詞の後ろに置き、程度が甚だしいことを表す)
jhiek^{5}shang　剧场　劇場
jhieu^3　就　①すぐに ②まさしく ③だけ
jhin^3　近　近い
ji^1　鸡　にわとり
ji^2　记　①覚える ②記す
ji^{2}ho　几化　いくつ
ji^{2}shi　几时　いつ
jia^{1}dhin　家庭　家庭
jia^2　借　①借りる ②貸す
jia^{2}si　假使　もし～ならば
jiao^{1}gue　交关　①とても ②たくさん
jiao^2　叫　①～という ②～させる ③叫ぶ
jiao^{2}sak　教室　教室
jiao^{2}zi　饺子　餃子
jiek^4　急　①緊急である ②焦る

jiek^4　节　節句、記念日
jiek^{4}hun　结婚　結婚
jin^1　斤　500 グラム
jin^2　进　入る
jin^{2}cak　警察　警察
jy^2　贵　(値段が)高い

K

ka^{1}fi　咖啡　コーヒー
ka^{2}la'oke　卡拉OK　カラオケ
kak^4　克　グラム
kak^4　刻　①刻む ② 15 分間
kao^1　敲　叩く
ke^1　开　①開ける ②運転する
ke^{1}gue　开关　スイッチ
ke^{1}si　开始　開始
ke^{1}xin　开心　うれしい
koe^2　看　見る
kong^{2}vangge　空房间　空いている部屋
ku^{2}i　可以　できる
kua^2　快　①速い ②間もなく
kua^{2}dhi　快递　(宅配便の) 急行便
kua^{2}lak　～快了　間もなく
kun^{2}gao　困觉　寝る
kue^{2}zi　筷子　お箸

L

la　啦　①(“了”と“啊”の合音)②(やや強く求める語気を表す)
lak　了　①～た ②～になる、～になった ③(動詞や形容詞の後に置き、結果や程度を表す)
lak^5　拉　①ある、いる ②～で ③～してある ④～(場所) に、～ (時)に
“拉拉”“拉海”“拉该”とも
lang　浪　上
lang^3　冷　寒い、冷たい
lao　咾　でしょう
lao^3　老　①老い ②とても
lao^{3}be　老板　①経営者、社長 ②上司
lao^{3}si　老师　(学校の)先生
laosa　咾啥　～など
le　咪　(相談・提案・懇願の語気を表す)
le^3　来　①来る ②(形容詞や動詞の後に置き、程度の高いことを表す)
le^{3}dak　来得　とても
le^{3}dakjhiek　来得及　間に合う
le^{3}se　来三　①よろしい ②有能
“来事”(le^{3}shi) とも
le^{3}vakjhiek　来勿及　間に合わない
leu^{3}ti　楼梯　階段
li^3　离　(空間・時間の隔たり) ～から、～まで
li^3　里　500 メートル
li^{3}ba　礼拜　①週、週間 ②礼拝
li^{3}mi　厘米　センチ
li^{3}pin　礼品　お土産
li^{3}xi　联系　連絡する
liang^3　两　① 2 ② 50 グラム
liek^5　立　立つ
lieu^{3}hhoksang　留学生　留学生
lok^5　落　落ちる
lok^5 hhy^3　落雨　雨が降る
lok^{5}in　录音　①録音する ②録音
lok^{5}shiang　录像　①録画する ②ビデオ
lok^{5}shiangji　录像机　ビデオ・デッキ
long^{3}jinsho　龙井茶　龍井茶(緑茶の一種)
ly^{3}goe　旅馆　ホテル

M

ma^{3}de　买单　勘定をする
mak^{5}danglao　麦当劳　マクドナルド
mak^{5}shi　物事　もの
mak^{5}zi　袜子　靴下
mang^3　忙　忙しい
mao^{3}jin　毛巾　タオル
mao^{3}zi　帽子　帽子
me^1　蛮　とても
me^{3}mejiao　慢慢叫　①ゆっくりと ②(それより)後
me^{3}qizao　煤气灶　ガスレンジ
mi^3　米　①米 ②メートル
mi^3　面　麺類
mi^{3}bao　面包　パン
mi^{3}dhao　味道　味
mi^{3}kong　面孔　顔
mi^{3}mao　眉毛　まゆ毛
mo^{3}jiang　麻将　マージャン
moe^{3}dheu　馒头　パオズ、中華まんじゅう
moe^{3}i　满意　満足する、気に入る

N

na^{3}nen　哪能　①どう ②どうして ③いかが
nak　呢　①～は？ ②～だろう
ne^1　拿　①持つ ②～を
nga^{3}dheu　外头　外
nga^{3}gao　牙膏　歯磨き
nga^{3}gokhhehho　外国闲话　外国語
nga^{3}sak　牙刷　歯ブラシ
ngak^{5}guakdheu　额骨头　額
nge^{3}jin　眼镜　メガネ
nge^{3}sak　颜色　色
ni^{3}ji　年纪　年齢
niang^3　娘　母親、お母さん

niang3　让　①譲る ②〜に〜させる
niek5　热　①熱い、暑い ②温める
niek5jiak　日脚　①日、期日 ②日数
nieu3na　牛奶　牛乳
nieu3niok　牛肉　牛肉
noe3bhanghhieu　男朋友　ボーイフレンド
noe3mi　南面　南
ny3bhanghhieu　女朋友　ガールフレンド

O

oe1bha　安排　手配する
oe1jhy　安全　安全
oe1shi　按时　時刻通りに
ok4xin　恶心　吐き気がする

P

pak4　拍　（写真・ビデオを）撮る
piao2liang　漂亮　きれい、美しい
piao2(zi)　票（子）　チケット、切符
pu2tonghho　普通话　標準語
pu2dongjishang　浦东机场　浦東空港

Q

qi1 shi3　签字　サインする
qiek4　切　切る
qiek4　吃　①食べる ②飲む ③（気体など）を吸う
qiek4liek　吃力　疲れる
qin1gue　轻轨　市内用電車
qin2　请　①請う、頼む ②招く、招聘する ③どうぞ〜してください
qing1sang　清爽　①清潔、きれい ②明瞭

S

sa1ti　啥体　なぜ
sa2dhifang　啥地方　どこ
sa2ghak　啥个　なに
sa2shenguang　啥辰光　いつ
sak　煞　（動詞や形容詞の後に置き、程度が甚だしいを表す）
sak4xhiangji　摄像机　ビデオ・カメラ
sang1 mao3bhin　生毛病　病気になる
sang1hhngpi　生鱼片　刺身
sang1niek　生日　誕生日
seu2　瘦　痩せる
seu2biao　手表　腕時計
seu2ji　手机　携帯電話
seu2zikak　手指甲　手の爪
shak5bennin　日本人　日本人
shak5dhang　食堂　（学校や会社などの）食堂
shak5jhi　杂技　曲技、雑技
shang3　上　①上 ②上がる
shang3　长　背が高い
shang3　尝　①味をみる ②味わう
shang3boeniek　上半日　午前
shang3co　上车　乗車する
shang3dheu　上头　上
shang3ghak hhyek5　上个月　先月
shang3ghakliba　上个礼拜　先週
shang3hece　上海菜　上海料理
shang3ku　上课　授業に出る
shang3tang　上趟　前回
shao3xinjieu　绍兴酒　紹興酒
she3　侪　みんな、全部
shen3gong　成功　①成功 ②（動詞の後に置き、完成・実現を表す）
shen3guang　辰光　時間
shen3jiek　成绩　成績
sheu3si　寿司　寿司
shi3　住　住む、泊まる
shi3　字　文字
shi3dao　迟到　遅刻する
shi3dhongvuti　自动扶梯　エスカレーター
shi3di　词典　辞典
shi3ti　事体　①事柄、事 ②仕事、職業
shi3xhyvu　磁悬浮　リニアモーターカー
shoe3dhao　隧道　トンネル
shoe3zen　传真　ファックス
shong3　从　〜から
shu3　坐　座る
si1　书　本
si1ga　书架　本棚
si1hhu　师傅　①師匠、親方 ②〜さん（運転手・店員など）
si2(dak)　使（得）　〜に〜させる
si2ga　暑假　夏休み
si2longdheu　水龙头　蛇口
soe2　岁　歳
soe2lak　算了　もういい
song2　送　①贈る ②送っていく ③届ける
su2　锁　鍵
su2i　所以　だから、したがって
sue2zidhue　手指头　手の指

T

tak4　忒　①あまりに ②とても
tak4　脱　①〜と ②〜について ③何かがなくなる・離れること「なくしてしまう」
tang1　汤　スープ
teu1　偷　盗む
ti1　天　①天、空 ②日
ti1qi　天气　天気
tin1　听　聞く

tu^{1}hha　拖鞋　スリッパ

U

u^{1}longsho　乌龙茶　ウーロン茶
ue^{1} / hhue^{3}　喂　もしもし

V

vak^{5}cu　勿错　①すばらしい ②正しい
vak^{5}dak liao^{3}　勿得了　①大変だ ②(程度を表す)甚だしい
vak^{5}dha　勿大　あまり～ではなくい
vak^{5}haoisi　勿好意思　①恥ずかしい ②すみません
vak^{5}iao　勿要　①いりません ②～する必要がない ③～するな
vak^{5}lese　勿来三　だめ
“勿来事”(vak^{5}leshi) とも
vakla　勿啦　～ですか
vang^{3}zi　房子　家

X

xhi^{3}dheu　前头　前
xhia^{3}qi　邪气　とても
xhiang^{3}sak　像煞　～のようである
xi^{1}　先　まず、先に
xi^{1}go　西瓜　スイカ
xi^{1}mi　西面　西
xi^{1}zang　西装　スーツ
xi^{2}iji　洗衣机　洗濯機
xia^{2}　写　書く
xia^{2}shidhe　写字台　机
xiang^{1}bu　香波　シャンプー
xiang^{1}zi　箱子　①箱 ②スーツケース
xiang^{2}　想　～したい
xiao^{2}　小　①小さい ②末の ③～君、～ちゃん
xiao^{2}dak　晓得　知っている、わかる
xiao^{2}nin　小人　子供
xieu^{1}li　修理　修理する
xieu^{1}xiek　休息　休む
xin^{1}　新　新しい
xin^{1}xi　新鲜　新鮮
xin^{2}　信　手紙
xin^{2}hhiongka　信用卡　クレジットカード

Z

zao^{2}lang(xiang)　早浪(向)　朝
zao^{2}pi　照片　写真
zao^{2}ve　早饭　朝ごはん
zao^{2}xiangji　照相机　カメラ
ze^{1}　才　やっと
ze^{1}　再　①再び ②また ③もっと
zen^{1}　真　本当
zen^{2}dheu　枕头　枕
zeu^{2}　走　①離れる、出発する ②歩く
zi^{1}niok　猪肉　豚肉
zi^{2}dheu　纸头　紙
zoe^{2}jhin　最近　最近、近ごろ
zoe^{2}le　转来　帰る
zok^{4}　祝　①祈る ②祝う
zok^{4}jhieu　足球　サッカー
zong^{1}dheu　钟头　(所要)時間
zong^{1}gokce　中国菜　中国料理
zong^{1}goknin　中国人　中国人
zong^{1}hhy　终于　ついに
zong^{1}lang(xiang)　中浪(向)　昼ごろ
zong^{1}ve　中饭　昼ごはん
zu^{2}　做　①作る ②する
zu^{2}bi　左边　左、左側
zu^{2}fak　做法　やり方、方法
zu^{2}hhieu　左右　①左右 ②前後、くらい
zu^{2}sa　做啥　①なぜ ②何をする